AF509875

CATALOGUE GÉNÉRAL

DE

TRÈS BELLES

GRAVURES, EAUX-FORTES

FUSAINS, LITHOGRAPHIES, AFFICHES

TABLEAUX ET VUES

ALBUMS DE TIMBRES-POSTE

ERNEST FLAMMARION ET A. VAILLANT

Galeries de l'Odéon, 1 à 9, et 4, rue Rotrou, PARIS.

A partir de 25 fr., tous les Envois sont adressés franco dans toute la France.

Nous avons à la disposition de notre clientèle un assortiment considérable de Livres français et étrangers, Musique, Papeterie, Maroquinerie, Articles de dessin et de bureau, ainsi que toutes sortes d'ouvrages d'occasion, et nous nous chargeons de procurer tous les ouvrages des éditeurs avec des remises importantes, ainsi que tous les articles dont nos clients pourraient avoir besoin.

NOTRE CATALOGUE SERA ENVOYÉ FRANCO A TOUTE PERSONNE NOUS EN FAISANT LA DEMANDE

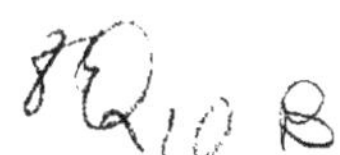

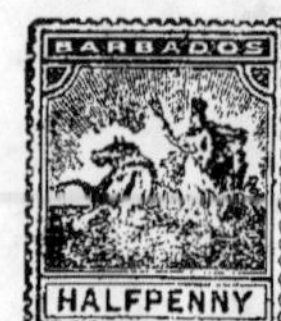

ALBUMS TIMBRES-POSTE

L. RICHARD

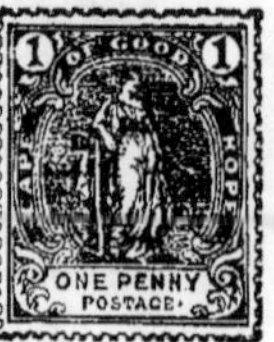

ALBUM IN-4°

Nouvellement composé et divisé de façon à pouvoir s'en servir indéfiniment, orné de dessins des différents types de timbres, ainsi que de nombreuses armoiries de pays ; ouvrage comprenant les émissions de 1840 à 1895 et formant 600 pages. Deux parties réunies en 1 volume, relié en demi-toile . . . . 10 fr. 50

Le même ouvrage, imitation cuir, plaque spéciale. 1 volume. . . . . 12 fr. »

Le même ouvrage, genre demi-reliure, coins, titre en or. 1 volume. . . . . 14 fr. »

Le même ouvrage, avec tables alphabétiques, reliure demi-toile, impression sur beau papier. 1 volume. . . . . 23 fr. 50

Le même ouvrage, impression sur beau papier satiné, plaque spéciale, superbe vol. 25 fr. »

Le même ouvrage, reliure demi-toile, plaque spéciale, en 2 volumes. . . . . 32 fr. »

Le même ouvrage, reliure toile, plaque spéciale, en 2 volumes. . . . . 36 fr. »

Le même ouvrage, magnifique *édition de grand luxe,* reliure originale en toile, dessin de la couverture en relief, tranches dorées, serrures mobiles, feuillets supplémentaires. 2 volumes . . . . 70 fr. »

Le même ouvrage, papier vélin supérieur, reliure antique, dos maroquin, plats ornés, tranches dorées, serrures mobiles munies de boutons, feuillets supplémentaires, etc. 2 magnifiques volumes, reliés. . . . . 110 fr. »

Le même ouvrage, divisé en 3 volumes, reliure riche, maroquin plein, renfermés en étuis. . . . . 200 fr. »

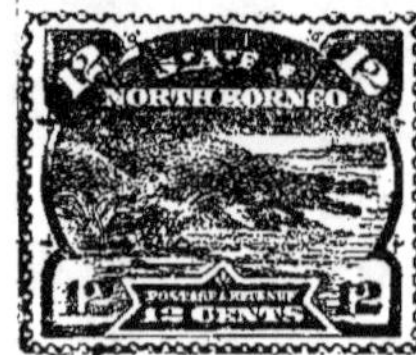

Édition VICTORIA

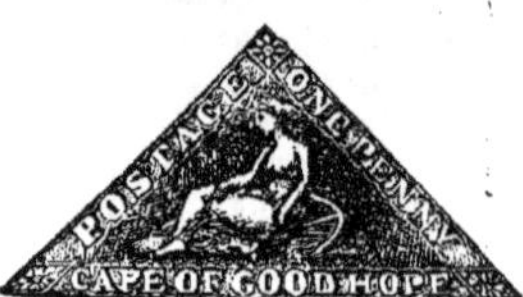

ALBUM IN-8°

Contenant 1.000 illustrations réduites et 1.800 cases vacantes pour timbres, 78 pages, cartonnage papier. . . . . 0 fr. 60

Le même Album, cartonnage imitation toile, fers spéciaux . . . . 0 fr. 90

ALBUM GRAND IN-8°

Contenant 1.070 illustrations réduites, 2.200 cases vacantes pour les timbres, 78 pages, cartonnage plaque spéciale. . . . . 1 fr. 25

Le même Album, 94 pages, reliure plaque . . . . 1 fr. 50

—   -   reliure toile, fers spéciaux. . . . . 1 fr. 75

ALBUM PETIT IN-4°

Contenant 1.070 illustrations, 3.100 cases vacantes et environ 175 illustrations de timbres rares, cartonnage plaque spéciale. 2 fr. 25

Le même Album, cartonnage riche . . . . 2 fr. 75

ALBUM IN-4°

1.070 illustrations, 3.700 cases vacantes pour les timbres et de nombreuses armoiries d'États, 94 pages, cartonnage papier, plaque spéciale. . . . . 3 fr. 50

Le même Album, imitation cuir . . . . 4 fr. 50

Le même Album, reliure toile, impression en couleurs sur les plats. . . . . 5 fr. 25

LES CHEFS-D'ŒUVRE
DU
MUSÉE DU LOUVRE

Magnifiques planches gravées au burin par les meilleurs artistes et tirées sur chine,
reproduction des tableaux et sculptures des plus célèbres.

Chaque sujet, format 65 × 48. Au lieu de 6 fr., net. . . . . **1** fr. **50**

ÉCOLE FRANÇAISE

1 VAN LOO. Le Mariage de la Vierge.
2 VIGÉE-LEBRUN, Louise-Elisabeth Vigée Le Brun.
3 — La Paix ramène l'abondance.
4 N. POUSSIN. L'Assomption de la Vierge.
5 — L'Arcadie.
6 — L'Enlèvement des Sabines.
7 — La Mort de Saphire.
8 — Moïse foulant aux pieds la couronne de Pharaon
9 — Mars et Vénus,
10 — Voyages de Faunes, Satyres et Hamadriades.
11 — L'Adoration des Mages.
12 — La Sainte Famille.
13 — Bacchanale.
14 — La Mort d'Adonis.
15 — Diogène jetant son écuelle.
16 — Le Déluge.
17 — Orphée.
18 CL. LORRAIN. Marine.
19 — Le Campo Vaccino.
20 — La Fête villageoise.
21 — Des bestiaux passant une rivière.
22 — Paysage.
23 — Une Danse au soleil couchant.
24 — Une Marine.
25 — Paysage traversé par une rivière.
26 J. VERNET. Vue d'un Port de mer pendant le brouillard.
27 — Marine vue au soleil couchant.
28 — Le Naufrage.
29 — La Tempête.
30 — Le Coup de tonnerre.
31 — Le Soleil couchant.
32 — Le Phare.
33 — Port de Mer.
34 — Clair de lune.
35 — Une Rivière coulant entre deux rochers.
36 — Le Pont Saint-Ange.
37 — Le Pont Rotto à Rome.
38 — La Cascade.
39 HORACE VERNET. Bataille de Jemmapes.
40 — Le Maréchal Moncey à la barrière de Clichy.
41 CH. LE BRUN. Le Silence.
42 — Le Benedicite.
43 XAVIER LE PRINCE. Guinguette.
44 L. DE LA HIRE. Saint François d'Assise.
45 — Laban cherchant ses idoles,
46 — Un Paysage au soleil couchant.
47 — Les Baigneuses.
48 LENAIN. Le Maréchal-ferrant.
49 BARON F. GÉRARD. Canova.
50 — Bataille d'Austerlitz.
51 — L'Entrée de Henri IV à Paris.
52 A. DE LORME. Un Intérieur d'église.
53 GUÉRIN. Didon.
54 BARON GROS. Bonaparte visitant les pestiférés de Jaffa.
55 — Le Champ de bataille d'Eylau.
56 DAVID. Le Couronnement.
57 PATEL (le père). Tobie enterrant un Israélite.
58 — Moïse exposé sur le Nil.
59 SEB. BOURDON. Auguste visitant le tombeau d'Alexandre.
60 — Halte de Bohémiens.
61 — Sainte-Famille.
62 SIMON VOUET. Sainte-Famille.
63 MICHALON. Vue de Frascati.
64 LE SUEUR. Saint Paul prêchant à Ephèse.
65 — La Vision de saint Benoist.
66 — Muses. Calliope.
67 — — Uranie.
68 — — Terpsichore.
69 — — Melpomène, Erato et Polymnie.
70 — — Clio, Euterpe et Thalie.
71 — La Messe de Saint-Martin.
72 — Le Christ à la colonne
73 — Saint Paul guérissant les malades.
74 SANTERRE Suzanne au bain.
75 JACQUES STELLA. Clélie et ses compagnes.
76 VALENTIN. Le Jugement de Salomon.
77 — Le Concert
78 — La Chaste Suzanne.
79 — Le Denier de César.
80 MIGNARD. Sainte Cécile.
81 JEAN JOUVENET. L'Extrême-Onction.
82 — Le Chœur de Notre-Dame.
83 DROUAIS. La Chananéenne.

ÉCOLE ITALIENNE
Chaque planche, net, **1** fr. **50**

84 RAPHAEL. Raphaël et son Maître d'armes.
85 — La Transfiguration.
86 — La Sainte-Famille.
87 — La Vierge au Donataire.
88 — Saint-Michel terrassant Satan.
89 — L'Enfant Jésus caressant saint Jean.
90 — La Belle Jardinière.
91 — Sainte-Cécile.
92 — Le Silence de la Sainte Vierge.
93 — La Vision d'Ezéchiel.
94 — La Vierge à la Chaise.
95 — Les Cinq Saints
96 — Saint Georges, vainqueur du Dragon.
97 — Portrait de Léon X.
98 — Portrait de Jeanne d'Aragon.
99 — Portrait.
100 RAPHAEL. La Fornarina.
101 — Portrait de Raphaël.
102 — La Vierge de la maison d'Orléans.
103 — Uranie.
104 — Frédéric, duc d'Urbain.
105 — Thalie.
106 — Marc-Antoine Raimondi.
107 GASPARO POUSSIN. Paysage.
108 — Des Bergers dans une vallée.
109 LÉONARD DE VINCI. Portrait de Léonard de Vinci.
110 — La Joconde.
111 — Sainte Anne, la Vierge et l'Enfant Jésus.
112 — La Belle Ferronnière.
113 SALVATOR ROSA. La Pythonisse d'Andorre,
114 — Tobie et Azarias.

Musée du Louvre.

115 — Paysage.
116 JULES ROMAIN. Une Sainte Famille.
117 — Vénus et Vulcain.
118 — Le Triomphe de Vespasien et de Titus.
119 — La Danse des Muses
120 LE BOLOGNÈSE. Des Femmes sortant du bain.
121 — Retour d'une Promenade sur l'eau.
122 LE PESAROSE. Le Repos de la Sainte Famille.
123 JEAN DE ST.-JEAN. Les quatre Chasseurs chez le curé Arlotto
124 J.-M. CRESPI. La Maîtresse d'école.
125 LE CORRÈGE. Saint-Gérôme.
126 — Jupiter et Antiope.
127 — Le Mariage de sainte Catherine
128 CRÉTY. Un Enfant endormi.
129 LAUFRANC. Mars et Vénus.
130 PALMA JACOPI (JEUNE). Vénus jouant avec l'Amour.
131 PROCACCINI. La Sainte Famille.
132 LÉONELLO SPADA. L'Enfant prodigue.
133 GUISEPPE CESARI. Adam et Ève chassés du Paradis.
134 PIETRE E. SACCHI. Saint Romuald.
135 ALLORI. Judith emportant la tête d'Holopherne.
136 FRA BARTOLOMMEO. Sauveur du Monde.
137 LE TITIEN. Portrait de François Ier.
138 — Le Couronnement d'épines.
139 — Le Martyre de Saint-Pierre le Dominicain.
140 — Portrait d'Hippolyte d'Est.
141 LE CARAVAGE. Le Christ porté au tombeau.
142 — La Mort de la Vierge.
143 LE GUIDE. Le Massacre des Innocents
144 — La Fortune.
145 — David tenant la tête de Goliath.
146 — Le Repos en Égypte.
147 — La Magdeleine.
148 — La Magdeleine n° 2.
149 — Saint Jean-Baptiste et Jésus.
150 — Jésus et la Samaritaine.
151 — Le Dessin et la Couleur.
152 A. SQUAZELLA. Jésus déposé de la Croix.
153 LE DOMINIQUIN. Communion de saint Jérôme.
154 — Le Concert.
155 — Énée sauvant Anchise.
156 — Sainte-Cécile.
157 — Timocléc devant Alexandre.
158 — Le Ravissement de saint Paul.
159 — La Vierge à la coquille.
160 — Renaud et Armide.
161 — Le Triomphe de l'Amour.
162 — Hercule et Cacus.

163 LE DOMINIQUIN. Hercule et Achelous.
164 LE GIORGION. La Leçon de chant.
165 — Un Concert.
166 ANDREA DEL SARTO. Portrait d'Andréa del Sarto.
167 — La Charité.
168 PAUL VERONÈZE. Sainte Famille.
169 — Portrait de Femme.
170 ALEX. VERONÈZE. Le Déluge.
171 LE PARMESAN. Sainte Marguerite et la Vierge.
172. LE BASSANO. Le Christ déposé de la Croix.
173 GENTILESCHI. L'Annonciation.
174 SCHIDONE. Le Christ au tombeau.
175 A. CARRACHE. La Nativité.
176 — Le Christ mort sur les genoux de la Vierge.
177 — Le Sommeil de l'Enfant Jésus.
178 — Concert sur l'eau.
179 — Un Hermite en méditation.
180 MANFREDI. Assemblée de Buveurs.
181 A. CARRACHE. Hercule enfant.
182 L. CARRACHE. La Vierge et l'Enfant Jésus.
183 FRANCISCO ALBANI. La Naissance de la Vierge.
184 — L'Air.
185 — La Terre.
186 — L'Eau.
187 — Le Feu.
188 CARLO MARATTI. Le Mariage de sainte Catherine.
189 PHILIPPE LAURE. L'Extase de saint François.
190 LE GUERCHIN. Le Rêve de saint Jérôme.
191. — La Magicienne Circé.
192. LOUIS LANA. La Mort de Clorinde.
193 ROMANELLI. Vénus et Adonis.
194 P. MOLA. Agar dans le Désert.
195 — Tancrède blessé.
196 — Herminie sous l'habit de Bergère.
197 GENNARI. La Magdeleine au Désert.
198 DOMINICO FELI. La Vie champêtre.
199 ANDRÉ SOLARIS. La Vierge et l'Enfant Jésus.
200 PIERRE DE CORTONE. La Réconciliation de Jacob et de Laban.
201 — Faustolus apportant Remus et Romulus.
202 Sainte Martine.
203 LUCA GIORDANO. Mars et Vénus.
204 GIOVANNI PANINI. Le Panthéon de Rome.
205 — Le Temple de Vesta et de l'Arc de Janus.
206 F. SOLIMENA. L'Annonciation de la Vierge.
207 CARLO DOLCI. Le Sommeil du petit saint Jean.
208 CH. CIGNANI. Adam et Ève.
209 LUCATELLI. Paysage.

ÉCOLE HOLLANDAISE
Chaque planche, net, **1 fr. 50**

210 METZU. Un Militaire faisant servir des rafraîchissements à une jeune femme.
211 — La Musicienne Hollandaise.
212 — La Marchande de Volailles.
213 — Une femme accordant une guitare.
214 — La Femme charitable.
215 — Un Chasseur.
216 — Une Cuisinière.
217 — Une Femme tenant un pot de bière et un verre.
218. TERBURG. Un Militaire offrant de l'or à une jeune femme.
219 — La Leçon de musique.
220 — Un Officier assis près d'une jeune femme.
221 — Une Jeune femme étudiant sur la mandoline.
222 GÉRARD DOW. La Femme hydropique.
223 — La Famille de Gérard Dow.
224 — L'Arracheur de dents.
225 — Une Jeune femme à sa fenêtre.
226 — Une Femme accrochant une volaille.
227 — La Cuisinière hollandaise.
228 LUDCOFF BACKUYSEN. L'Yacht hollandais.
229 — Le Coup de vent.
230 PH. VAN DICK. Judith.
231 FRED. MOUCHERON. Une Belle soirée.
232 ISAAC MOUCHERON. Le Matin.
233 ADRIEN DE VOIS. Un Négociant dans son cabinet.
234 TH. MICHAU. L'Hiver.

235 BAMBOCHE. Le Loisir du pâtre.
236 — Le Départ de l'hôtellerie.
237 VAN ASSELYN. Vue du Tibre.
238 J. VAN CRAESBEEKE. L'Atelier de Craesbeeke.
239 J. VAN DER HEYDEN. Vue d'une petite Ville de Hollande.
240 — Village sur le bord d'un canal.
241 JEAN VAN STEEN. Les Plaisirs de famille.
242 — Une Jeune femme malade.
243 JEAN VAN HAGEN. Paysage.
244 KAREL DU JARDIN. Karel du Jardin.
245 — Les Charlatans.
246 — Charlatans et Animaux savants.
247 — Le Bocage.
248 — Le Pâturage.
249 — Le Voyageur charitable.
250 — Le Gué.
251 — La Fileuse.
252 — Un Gué.
253 GOVAERT FLINCK. L'Annonce aux Bergers.
254 DAVID DE CONINCK. La Bénédiction de Jacob.
255 B. DOUVEN. La Vierge aux Cerises.
256 A. VAN OSTADE. Le Maître d'école.
257 — Le Chansonnier.
258 — Un Fumeur.
259 — Le Marché aux Poissons.
260 — Les Inconvénients du jeu.

Musée du Louvre.

261 A. VAN OSTADE — Les Patineurs.
262 ZUSTRIS. Vénus et l'Amour.
263 WYNANTS. Départ pour la Chasse au vol.
264 — Vue d'un Chemin qui sépare un bois de la rivière.
265 — Vue d'une Ferme dans une vaste campagne.
266 — Paysage.
267 REMBRANDT. Portrait de Rembrandt, de trois quarts, à droite.
268 — Portrait: les cheveux tombant sur les épaules ; la figure de trois quarts, à droite.
269 — — âgé ; dans ses mains sa palette et un appui-mains.
270 — — de trois quarts, à droite ; chevelure ébouriffée, moustaches relevées.
271 — — d'un jeune homme.
272 — — d'un vieillard.
273 — — d'homme.
274 — L'Ange Raphaël quittant Tobie et sa famille.
275 — Jacob bénissant les Enfants de Joseph.
276 — Le Ménage du menuisier.
277 — Le Bon Samaritain.
278 — Les Disciples d'Emmaüs.
279 — Le Philosophe en contemplation.
280 — id. en méditation.
281 — Saint Matthieu.
282 — Portrait de femme.
283 — Un Vieillard méditant.
284 — Paysage.
285 VAN DER HELST. Les Bourgmestres distribuant le prix du jeu de l'Arc.
286 ALBERT CUYP. Un Cavalier partant pour la promenade.
287 — Un Cavalier revenant de la promenade.
288 VAN STEINWICK. Jésus chez Marthe et Marie.
289 WOUVERMANS. Le Manège
290 — Choc de Cavalerie.
291 — Une Halte de Cavaliers.
292 — Un Manège.
293 — Les Foins.
294 — La Chasse aux Cerfs.
295 — Une Halte de Chasseurs.
296 — ADAM PYNACKER. Marine.
297 JAN VAN GOYEN Vue de Flandre.
298 BART. BRENBERG. Ruines de Campo Vaccino à Rome.
299 GASPARD DE WITTE. Le Chevet de l'Eglise de Delft.
300 KORNELIS BEGA. Le Bon ménage.

301 G. NETSCHER père. L'Accompagnement de Luth.
302 — La Leçon de Musique vocale.
303 — La Leçon de Basse de viole.
304 — La Mauvaise nouvelle.
305 — Portrait de deux Jeunes gens.
306 — Vénus pleurant Adonis.
307 FRANS VAN MIÉRIS. Portrait de Miéris et sa femme.
308 — Le Petit faiseur de Bulles de savon.
309 JAN BOTH. Paysage.
310 — Ville d'Italie au soleil couchant.
311 — Portrait d'un Géomètre.
312 JACOB VAN DEN ULFT. Vue de Tivoli.
313 JOHAM S GLAUBER. Paysage.
314 P. POTTER. Le Pacage.
315 — Une Prairie arrosée par une rivière.
316 — Des Bœufs près d'une chaumière.
317 N. BERGHEM. Le Retour des animaux.
318 — L'Abreuvoir.
319 — Les Ruines du Colysée.
320 — Riche Paysage.
321 — Le Passage du Bac.
322 — Le Gué.
323 — Vue des Côtes de Nice.
324 — Paysage.
325 A. SWANEVELT. Un Paysage vu au soleil couchant.
326 — Paysage.
327 G. VANDER LECUW. La Laitière.
328 A. WANDERWERF. La Chasteté de saint Joseph.
329 — Sainte Magdeleine dans le Désert.
330 — La Fuite en Egypte.
331 — Deux Nymphes dansant.
332 — Paris et Œnone.
333 TH. WITH. L'Alchimiste en méditation,
334 J. LE DUC. Corps de garde Hollandais.
335 LINGELBACK. Une Halte de voyageurs.
336 RUISDAEL. Rochers couverts d'arbres.
337 — Une Forêt.
338 — Les Environs d'un village.
339 — Le Coup de Soleil.
340 GER DE LAIRESSE La Maladie d'Antiochus.
341 — Hercule entre le Vice et la Vertu.
342 JAN VAN HUYSUM. Une Rivière et des Ruines.
343 — Des Femmes au bain.
344 A. VANDEN WELDE. Le Soleil levant.
344 bis — La Plage de Scheveningen.
345 — Pêcheurs et leurs familles.
345 bis HEUS. Paysage.
346 TÉNIERS. Le Reniement de saint Pierre.

ÉCOLE FLAMANDE
Chaque planche, net, **1 fr. 50**

347 TÉNIERS. Des Joueurs de cartes.
348 — Deux Fumeurs
349 — L'Alchimiste.
350 — Le Joueur de cornemuse.
351 — Un Fumeur.
352 — Le Rémouleur.
353 — Un Cabaret auprès d'une rivière.
354 — Chasse du Héron.
355 — Portrait.
356 J. JORDAENS. Le Roi boit.
357 — Les Quatre Évangélistes.
358 RUBENS. La Descente de Croix.
359 — La Kermesse flamande.
360 — L'Arc-en-Ciel.
361 — La Famille de Rubens.
362 — L'Incrédulité de saint Thomas.
363 — Le Christ au Sépulcre.
364 — Effet de Soleil.
365 A. VAN DYCK. Le Corps de Jésus mort repose sur les genoux de sa mère.
366 — Une Dame et sa Fille.
367 — Le Président Richardot.

367 bis A. VAN DYCK. Portrait de François de Moncade.
368 — Portrait d'homme.
368 bis — Sainte Vierge.
369 G. DE HEUSCH. Paysage.
370 FRANZ PORBUS. Portrait de Henri IV.
371 PETER NEEFS. Vue intérieure d'une Église.
372 PAUL BRIL. Paysage.
373 — Un Paysage et des Pêcheurs.
374 — Chasse au Canards.
375 — Pan et Syrinx.
376 CRAYER Hercule entre la Volupté et la Vertu.
377 GONZALEZ COQUES. Un Intérieur hollandais.
378 PH. DE CHAMPAIGNE. La Cène.
379 — portrait de Philippe de Champaigne.
380 — Les Religieuses.
381 — Sainte Marie pénitente.
382 VAN DER MEULEN. Vue de Dinant.
383 — Convoi Militaire.
384 — Halte de Cavaliers.
385 — Le Passage du Rhin.
386 JEAN MIEL. La Dinée des Voyageurs.
387 ORIZZONTE. Paysage.

Musée du Louvre.

ÉCOLE ESPAGNOLE
Chaque planche, net, **1 fr. 50**

388 MURILLO. La Vierge et l'Enfant Jésus.
389 — Un Jeune Mendiant.

390 RIBERA. L'Adoration des Bergers.

ÉCOLE ALLEMANDE
Chaque planche, net, **1 fr. 50**

391 A. ELZHEIMER. La Rencontre des Prophètes Élie et Abdias.
392 — La Fuite en Égypte.

393 HOLBEIN. Portrait d'Érasme.
394 — Portrait de Nicolas Kratzer.

SCULPTURE
Chaque planche, net, **1 fr. 50**

395 Le Laocoon.
396 Centaure.
397 Vénus de Milo.
397 *bis.* Euterpe, drapée, la main gauche tenant une flûte.
398 — appuyée sur un pilastre, la main gauche tenant une flûte.
399 — assise.
400 Vénus accroupie, du Vatican.
401 Le Tibre.
402 L'Espérance.
403 Minerve, la pique à la main droite, le bouclier de la main gauche.
404 — la déesse chaussée et casquée, s'appuie sur le pied droit; le bras gauche abaissé, tient un bouclier.
405 — coiffée d'un casque et revêtue d'une double chlamyde.
405 *bis.* — le corps couvert d'un péplum.
406 Némésis.
407 Jeune faune avec une flûte.
408 Muse restaurée en fille de Lacomède.
409 Apollon Sauroctone.
410 Vénus d'Alexandria Troas.
411 Polymnie, debout, drapée et chaussée.
411 *bis* — accoudée, drapée, les pieds nus
412 Livie en Cérès.
413 Sabine.
414 Minerve armée de l'égide.
415 Vénus au Bain.
416 Sextus Pompée.
417 Adoranti.
418 Antinoüs, en Hercule.
419 Silène avec Bacchus.
420 La Providence.
421 Livie en Muse.
422 Femme portant l'Eau sacrée.
423 Antinoüs en Bon Génie.
424 Domitia en Hygiée.
425 Messaline avec Britannicus, **enfant.**
426 Psyché.
427 Héros combattant.
428 Amazone blessée.
429 Adorante.
430 Faune dansant.
431 Vénus pudique.
432 César Auguste
433 Néron
434 L'Empereur Caius Caligula.
435 id. Claude.
436 Didius Julianus.
437 Apollon, vainqueur de Python.
438 Melpomène, petite statue.
438 *bis.* — statue colossale.
439 Calliope.
440 Polymnie.
441 Erato.
442 Terpsichore.
443 Thalie.
444 Vénus de Médicis.
445 Psyché et l'Amour.

446 Hermaphrodite.
447 Vestale.
448 Amazone.
449 L'Amour.
450 Vénus d'Arles.
452 Bacchus.
453 Apollon Citharède.
454 Muse (dite de la petite Cérès.
455 Le Faune chasseur.
456 Ariane (dite la Cléopâtre).
457 Muse restaurée en Cérès.
458 Bacchus (dit le Sardanapale).
459 Diane.
460 Pallas de Velletri.
461 Diane de Gabies.
462 Minerve victorieuse des Géants.
463 Vénus (dite du Capitole).
464 — génitrix.
465 Cérès Éleusis.
466 Flore.
467 Esculape.
468 id. et Télesphore.
469 Hygié ou la Santé.
470 Hercule enlevant le trépied de Delphes.
471 Omphale (Mélicate ou Palémon).
472 La Faune au repos.
473 Bacchante.
474 Faune et Panthère.
475 Leucothée.
476 Nymphe.
477 Chœur de Néréides (sarcophage).
478 Victoire choragique.
479 Génie funèbre.
480 Menandre.
481 Philosophe grec.
482 Héros grec (dit le Phocion).
483 Discobole, en repos.
484 id. en action.
485 Sacrificateur.
486 Le Gladiateur mourant.
487 Jeune Athlète remerciant les Dieux.
488 L'Enfant à l'oie (le Tireur d'épines).
489 Jeune fille jouant aux osselets.
490 Antinoüs, en idole égyptienne.
491 Jeune fille romaine.
492 Junon.
493 Junon (petite statue).
494 L'Amour et Psyché.
495 Uranie.
496 Apollon Lycien.
497 Mercure (dit le Lantin).
498 Sacrifice aux lares.
499 Jupiter avec deux déesses.
500 Personnage héroïque.
501 Fontaine, en forme de trépied.
502 Trépied d'Apollon.
503 Julie, femme de l'empereur Sévère.
504 Apollon (dit l'Adonis).
505 Jason.
506 Hercule et Télèphe.

Tableaux

OCCASIONS EXCEPTIONNELLES

SUPERBES ESTAMPES

Ces magnifiques planches, gravées et dessinées par les meilleurs artistes, peuvent orner :
Salon, Salle à manger ou Chambre à coucher; elles peuvent se faire pendant.

Format 63 × 90. — Au lieu de 15 fr., net. . . . . **4** fr.

SUJETS EN HAUTEUR

L'Immaculée conception, d'après MURILLO.
Jeanne d'Arc sur le bûcher, d'après Mᵐᵉ de GUIZARD.
Séduction, costumes Albanais, d'après ANDRÉ.
Abandon, jeune marchande de fleurs et son enfant, d'après GUET.
Heureuse mère, jeune femme et son enfant, d'après ZUBER-BULLER.
Vrai bonheur, Jeune mère et ses enfants, d'après DEKAYUR.
Joie de la maison, Coucou! ah le voilà! d'après HILLEMACHER.
Epreuve de la ressemblance, Ah! petite mère,   id.

SUJETS EN LARGEUR

Famille Arabe surprise par un Lion, d'après SCHOPIN.
Famille Russe attaquée par des Loups,   id.
L'Amour maternel, la mère veille son enfant, d'après DUBUFE.
L'Amour filial, lecture à la mère,   id.
L'Attaque. Sujets de chasse, d'après LEPAULLE.
Le Débuché.   —   —
L'Accompagnée.   —   —
La Curée.   —   —
L'Invasion de 1815, Défense de la ferme, d'après HORACE VERNET.

FORMAT 72 × 103

Chaque planche, au lieu de 20 fr. . . . . net. **6** fr.

La Demande en Mariage, le bon accueil, sujets bretons, d'après MERLE.
La Visite des grands-parents chez leurs enfants,   id.   id.
Course en traîneau, Russie, d'après HORACE VERNET.
Voyage au désert, Algérie,   id.
Le Général Bonaparte franchissant les Alpes; il montre à ses soldats les plaines de la
          Lombardie, d'après BOUCHOT.
Les Funérailles de Marceau, l'Etat-major autrichien remet le corps à l'Etat-major français,
          d'après BOUCHOT.
L'Explication de la Bible à la famille, d'après HUNIN.
Le Bonheur de la famille, retour du marin,   id.
Arrestation de Brigands,   d'après HORACE VERNET.
Confession des Brigands avant l'exécution,   id.
La Dernière cartouche, scène militaire,   id.

SUPERBE COLLECTION DE FUSAINS
Vendus avec un rabais considérable.

Il ne nous reste qu'un nombre très restreint de ces fusains qui sont destinés à être augmentés successivement.

Toutes ces planches, reproduction exacte des originaux, peuvent servir à la fois de modèles pour les Artistes et les Amateurs, ou bien à la décoration des Appartements en faisant encadrer les plus jolis sujets. Chaque planche mesure environ 19 × 12. Au lieu de 1 fr. 50, net. **50** cent.

1 **SMITH.** Paysage d'hiver, effet de neige.
2 — En route pour la chasse.
3 — Pêcheur en bateau.
4 — Les bords du grand lac.
5 — Les chevreuils sous le Chêne-aux-Roches.
6 — La mare aux canards.
7 — Le pont du village.
8 — Une péniche au repos.
9 — L'Étang de Chaville.
10 — Bords de rivière.
11 — L'église de village, effet de neige.
12 — Bouquet d'arbres au bord du fleuve.
13 — Un lavoir en rivière.
14 **LALANNE.** Étude de fleurs.
15 **SMITH.** La sortie du hameau.
16 — Les hirondelles sous les saules.
17 — Un clocher de campagne, effet de neige.
18 — La rivière des Roches.
19 — Pêcheurs à la ligne.
20 — Étude d'arbres et d'eau.
21 **LALANNE.** Un coin de parc.
22 **SMITH.** Rivière au milieu du hameau.
23 — Pêcheurs aux cascades.
24 — Un ravin.
25 — Lavandière.
26 **DE LAUNAY.** L'attente du carrosse.
27 **SMITH.** Le petit pont.
28 — La maison du garde.
29 — Bords d'étang.
30 — Chevreuils au guet.

31 **SMITH.** Un pigeonnier.
32 — Un reflet dans la rivière.
33 — Sous bois.
34 — Études d'arbres sous brouillard.
35 — Souvenirs de Normandie.
36 **ALLONGÉ.** Un coin sauvage.
37 **SMITH.** La pêche en rivière.
38 — Chemin des Roches.
39 — Un arbre bien courbé.
40 **DECHIMIA.** Paysage.
41 **SMITH.** Solitude.
42 — A la ferme.
43 — Joli pâturage.
44 — Passant le pont.
45 — Cascade de Cernay.
46 — Promenade solitaire.
47 **ALLONGE.** Près du moulin.
48 **APPIAN.** Les bords du Rhône.
49 **ACKER.** Paysage.
50 **SMITH.** Une allée.
51 — Étude d'arbres, l'hiver.
52 — La rivière d'Arques, à Dieppe.
53 — Étang de Gisors.
54 **APPIAN.** Marine.
55 — Marine.
56 — Un pêcheur isolé.
57 — Paysage.
58 — Étude d'arbres.
59 — Un canal bien bordé.
60 — Route de Gênes.

GRAND CHOIX
D'ÉTUDES DE TÊTES, D'ACADÉMIES, DESSINS DE GENRE, ÉTUDES D'ANIMAUX, ETC.

Chaque planche mesure environ 34 × 20. Au lieu de 2 fr. 50, net. **75** cent.

61 **ALLONGÉ.** La mare aux roseaux.
62 — Étude de chardons.
63 — Étude d'après nature.
64 — Sous bois.
65 — Étude d'arbre et eau.
66 **CABANEL.** Étude de femme.
67 **ALLONGE.** En forêt.
68 — Cour de ferme.
69 — Le moulin.
70 **CABANEL.** Un moine, étude.
71 **ALLONGE.** Effet de neige.
72 **BOUGUEREAU.** Étude de têtes d'enfants.
73 — Étude d'enfant vu de dos.
74 **ALLONGE.** En forêt, à Fontainebleau.
75 **OCTAVE SAUNIER.** Portail de l'église de Moret (S.-et-M.).
76 **CABANEL.** Étude d'un faune et d'une bacchante dansant.
77 **DE VAUX.** Portrait du général Chanzy.
78 **PILLE.** Le guet passant.
79 **MILLOT.** Étude de lions et tigres.
80 **GRANDCHAMP.** Bonne promenade ? Merci.
81 **VAUTHIER.** Inondation à Bercy.
82 — Le port de Nantes.
83 **PRUDHON.** Andromaque et Pyrrhus.
84 **DEBRAS.** Étude de tête.
85 **APPIAN.** Ruisseau de Roussillon (Ain).
86 — Souvenirs de la guerre.
87 — Sous bois.
88 — Route de montagne.
89 — Les Roches.
90 — L'étang de Chevallot.

91 **MAZEROLLE.** Étude d'hommes.
92 **APPIAN.** Étude d'arbres et roches.
93 — Environs de Rochefort, marine.
94 **BRASCASSAT.** Nature morte.
95 **JACQUELIN.** Tête de moine.
96 **APPIAN.** Sur la lisière du bois, en Dauphiné.
97 **DEBRAS.** 3 croquis, étude de têtes.
98 **LALANNE.** 6 croquis de voyage.
99 **VIGNAL.** Marine.
100 **DESJEUX.** Cour de ferme.
101 **ROLL.** L'Agriculture.
102 **KARL-ROBERT.** Pêche à la ligne.
103 **DETAILLE.** Le billet de logement.
104 **MAZEROLLE.** Le Commerce.
105 **KARL-ROBERT.** Étude d'après nature.
106 **MERY.** Étude de coq.
107 **KARL-ROBERT.** Sous bois, à Cernay.
108 — Sous bois, soleil de juillet.
109 **BOULANGER.** Étude de femme tenant une lyre.
110 **STEVENS et GERVEX.** Panorama de l'histoire du siècle (Napoléon).
111 — Portrait de l'histoire du siècle (Charles X).
112 **BENNER.** Étude de pivoine.
113 **KARL-ROBERT.** La passe de l'hirondelle.
114 **PHOTOGRAPHIE.** Exposition du blanc et du noir, salle 1.
115 — Id., salle 2.
116 — Id., salle 3.
117 — Id., salle 4.

Fusains.

118 **LHERMITTE**. Avril.
119 **PITTARA**. Rendez-vous.
120 **VIGNAL**. En Tunisie.
121 **GRANSIRE**. Pâturage à Cour-Cheverny.
122 **PUVIS DE CHAVANNE**. Etude de tête de femme.
123 **SERENDAT DE BELZIM**. Souvenir d'Enghien, lui et elle.
124 — Souvenir d'Enghien, elle et lui.
125 **REGNAULT**. Etude de chiens.
126 **SIMON**. Etude de rochers.
127 **SMITH**. Bords de l'Epte, à Gisors.
154 — Sentiers Saint-Charles, près Gisors.
155 **MATHYLD-AUBRY**. A Pierrefonds.
156 **VEYRASSAT**. Chevaux à l'abreuvoir.
157 **SMITH**. Etang de Gisors.
158 — La rivière d'Arques, à Dieppe.
160 **REMY**. Pins parasols Cannes.
161 — Les Palmiers Menton.
162 **BACK-WATCH**. 42e highlanders.
163 — Scène d'intérieur (peinture).
164 — Etude d'arbres et roches.
166 **MIRIEL**. Le pont de la Caille.
167 **COTTIN**. Les Préférés, coq et poules.
168 **DORMOIS**. La cité de Carcassonne.
169 **MAZEROLLE**. Trois études.
170 **PUVIS DE CHAVANNE**. Etude d'homme et femme (antique).
171 **LEBRUN**. Tête de jeune fille (étude).
172 **BOULANGER**. Tête d'étude.
173 **LALANNE**. Salon aux environs de Londres.
174 **ROBERT MALS**. Marine.
175 — Un baptême chez les Gaulois.
176 **CABANEL**. Femme tenant une corbeille.
177 **KARL-ROBERT**. Vaches à l'abreuvoir.
178 **CHARLES HUOT**. Fileuse.
179 **BARILLOT DE CLERMONT**. Croquis d'animaux.
180 **YVON**. Intérieur de famille.
181 **GASTON ROULLET**. Village de Tourane (Annam).
182 **LEVY**. Deux académies.
183 **HENNER**. Idylle.
185 **PUVIS DE CHAVANNE**. Mercure.
187 **SIMON**. Les roseaux.
188 **COTTIN**. Coq, poule et poussins.
189 **H. LE ROUX**. Etude de femme assise.
190 **FOUCHER**. Sentier du bord du bied.
191 **BENNER**. Etude de fleurs.
193 **MIRIEL**. Vue prise d'Aix, la Montagne.
194 **GERICAULT**. Taureaux en fureur.
195 **LE ROUX**. Deux vestales.
196 **MONFILLET**. La souris sous le buffet.
197 **BOUGUEREAU**. Enfant tenant un glaive.
198 **MIRIEL**. Le grand Casino.
199 — Aix-les-Bains.
200 **PUVIS DE CHAVANNES**. Etude.
202 **LEFEBVRE**. Tête de femme (étude).
203 **BOULANGER**. Femme à genoux (étude).
204 **MIRIEL**. Un vallon.
205 — Rivière et coteau boisé.
206 **GIACOMELLI**. Sur le gazon.
207 **BUTIN**. Pêcheuse.
208 **DAVID MILLET**. Sabotier.
209 **GERICAULT**. Un nègre à cheval.
210 **MIRIEL**. Promenade du Grand-Port (Savoie).
211 — Etablissement thermal d'Aix-les-Bains.
212 **LE ROUX**. Vestale (étude).
213 **ACKER**. Fossés de forteresse à Petro Pawlosh.
214 **SERENDAT DE BELZIM**. Douce pensée.
215 **THIRION**. Etude de pied et de main.
216 **MIRIEL**. Villa des Fleurs, à Aix-les-Bains.
217 — Sentier et rivière de Savoie.
218 **LAPOSTOLET**. Un coin de port.
219 **BOULANGER**. Etude de femme riant.
220 — Effet de neige.
221 **DEBRAS**. En méditation.
223 **LALANNE**. Le château de Pierrefonds.
224 **BILLEL**. Campagne de Rome.
225 **BRIET**. Etude d'après nature.
226 **CRESPELLE**. Marine.
227 **PERRINQUIERE**. Rendez-vous de chasse.
228 **DUCARUGE**. Environs de Grenoble.
229 **LESSIEUX**. Chêne foudroyé, environs de Tournay.
230 **DESJEUX**. Bords de la Vanne, près Sens.
231 **VIGNAL**. Vue de parc.

233 **DUNKI**. Etat-major de l'armée suisse en grandes manœuvres.
234 **DORMOIS**. Porte des Pêcheurs, Strasbourg.
235 **DUPLESSIS-DESTOUCHES**. La fontaine de Neptune.
236 **POTIER DE LA VARDE**. Effet de matin.
237 **PHOTOGRAPHIE**. Forêt de Fontainebleau.
238 — Forêt de Fontainebleau.
239 **LALANNE**. Pont rustique.
240 — Deux portraits antiques.
241 **JACQUELIN**. L'esclave.
242 **DIEN**. Sous bois.
243 **FRANCAIS**. Etude d'arbres.
244 **DUVIVIERS**. La victime du réveillon.
245 **GRIGNY**. J'adjuge ! Hôtel Drouot.
246 **NORBLIN**. Portrait de Femme.
247 **DORMOIS**. Une vue de ville.
248 **THIRION**. Etude d'homme tirant un câble.
249 **BARRIAS**. Tête de saint.
250 **SERENDAT DE BELZIM**. Vue d'Enghien.
251 **BEAUMETZ**. Croquis militaires.
252 *** Printemps de bois.
253 **CABANEL**. Etude d'homme à genoux.
255 **PRUDHON**. Tête d'amour.
256 **DORMOIS**. Château de Lassay (Mayenne).
257 **KARL-ROBERT**. La sortie du buisson (panneau décoratif).
257 *bis.* — Le ruisseau (panneau décoratif).
258 **DUCARUGE**. Les bords du Furens, effet de neige.
259 **KARL-ROBERT**. Les bords de la Sarthe, à Alençon.
260 **DUCARUGE**. Les bords de l'Ain (Loire), neige.
261 **PHOTOGRAPHIE**. Forêt de Fontainebleau.
262 **MAZEROLLE**. Œdipe-Roi (dessin).
263 **WAFFIER**. Etude d'après nature.
264 — Femmes au lavoir.
265 **MADELEINE**. L'herbage de la Croûte-Benzeve
266 **THIBAULT**. Un coin de parc.
267 **POTIER DE LA VARDE**. Vallon de St-Pair (Manche).
268 **COLLET**. Le bois des Tourterelles, près Lussac.
269 **CROEMBADE**. Sous bois.
270 **SIMON**. Bords de rivière.
271 **PUVIS DE CHAVANNES**. Deux hommes assis (étude).
272 **PRUDHON**. L'Emulation donne l'essor à l'étude.
273 **MIRIEL**. Villa des Tourelles (Savoie).
274 **BARZAGHU**. Moïse descendant du mont Sinaï.
275 **DONZEL**. Eventail Louis XV.
276 **LESSIEUX**. Un parc en Saintonge.
277 **BARLIBAN**. Vivier.
278 **VIGNAL**. Saint-Malo à marée basse.
279 **HANOTEAU**. Etude d'arbres.
280 **KARL-ROBERT**. Sous les arbres.
281 **COTTIN**. Poule et ses poussins.
282 **KARL-ROBERT**. Sous bois.
283 **HANOTEAU**. Etude de lavis.
284 **DORMOIS**. Vue d'un château de Bretagne.
285 **LE HOUX**. A Fontainebleau.
286 **ACKER**. Le parc de Péterhof.
287 **PERVINGUIERE**. Chiens d'équipage.
288 **LYONNEL ROYER**. La pensée.
289 **MICHEL**. Joueur d'orgue.
290 **PHOTOGRAPHIE**. Ile de Billancourt.
291 **LALANNE**. Intérieur de parc.
292 **SIMON**. Sous bois, près Beaufort.
293 **KARL-ROBERT**. Porte normande.
294 **DUMONTET**. Souvenirs du Berry.
295 **VIGNAL**. Vue prise dans le parc de Fresne.
296 **CABANEL**. Etude de femme couchée sur des marches.
297 **KARL-ROBERT**. C'est mon bateau.
298 **COSMANN**. Intérieur suisse.
301 **MADELEINE**. Le bief du moulin à Beuzeval.
303 **PHOTOGRAPHIE**. Une rue de Paris, un café.
304 **KARL-ROBERT**. L'île aux Orties (Bas-Meudon).
305 **NORBERT-GANEULTE**. A la porte du restaurant (la Somme).
306 **GRIVAZ**. Premier aveu.
307 **MONTARGIS**. La fumée de la chaumière.
309 **THOMAS**. Relais de chasse.
310 **CUZON**. Italienne (étude).
311 **CABANEL**. Etude d'homme au bras levé.
312 **APPIAN**. Un canal.
313 **BURGERS**. Le vilain ! scène d'intérieur.
314 **MIRIEL**. Environs d'Aix-les-Bains.
315 **GRISON**. Réparation à l'armement.

Fusains.

316 **ROLL**. Etude de femme.	328 **GRADES**. Chantier de Lormont, près Bordeaux
317 **LESSIEUX**. Souvenirs du Généralife, à Grenade.	330 **BOUGUEREAU**. Tête de vierge.
320 **MIRIEL**. Le Thillet et le bois de Lamartine, Aix-les-Bains.	331 **BARADOU**. Un lavoir aux environs de Niort.
321 **KARL-ROBERT**. Un hêtre, forêt de Fontainebleau.	332 **BOULANGER**. Etude d'homme frappant l'enclume.
322 **MIRIEL**. Un ouragan.	333 — Etude d'homme frappant un fer chaud.
323 **PRUDHON**. La fileuse.	334 **CLAIRIN**. Etude de femme drapée.
324 — Têtes d'études.	338 **PUVIS DE CHAVANNES**. Composition.
325 **ROLL**. Etude d'homme piochant.	340 **ALLONGE**. Un paysage.
327 **BOUTRY**. Palais du Frang, à Bruges.	341 — Marine.

Fusains de MM. Allongé, Appian, Lalanne, Miriel, Smith, etc.

Cette collection comprend des reproductions de dimensions différentes, mais en général chaque planche est de 40 × 28.

Prix de chaque planche, au lieu de 4 fr., net. **1 fr.**

343 **LALANNE**. L'escalier du presbytère.	704 **LALANNE**. Dans un parc.
346 **THIEROT**. Le pont des rochers.	705 — Rue Traversine, vieux Paris.
347 **MIRIEL**. Etablissement thermal d'Aix-les-Bains.	706 — Poterne du château de Chacenay (Aube).
348 — Avenue de Marlioz.	708 — Un reflet.
349 — Le grand Casino.	709 — Etude de chaumes.
350 — Aix-les-Bains.	710 — Pont rustique, parc de Mme de Balzac.
351 — Pont de la Caille, près Annecy.	711 — Souvenirs de la Suisse.
353 — Vallée de la Haute-Savoie.	712 — A Quimper (Finistère).
354 — Villa des Fleurs, Aix-les-Bains.	713 — Près Concarneau (Finistère).
355 — Allée des Soupirs, Aix-les-Bains.	714 — Port-Louis, près Lorient.
357 **ALLONGÉ**. La descente du vallon.	715 — Fruits et feuilles.
358 **PHOTOGRAPHIE**. Paysage, peupliers et rivière.	716 — Canal Saint-Martin, près Pont-Sainte-Maxence.
359 **LESSIEUX**. Buste d'un faune dans un parc.	717 — Un vieux puits à Colombes.
360 **CICERI**. Paysage.	719 — Entrée du parc de Nointel (Seine-et-Oise).
362 — Bord d'un étang.	721 — Port de Bordeaux.
363 **DE MENVEL**. La tentation du moine.	722 — Intérieur d'église.
366 **MAZEROLLE**. Nouveau plafond du Théâtre-Français.	724 — Bords de la Gelise (Lot-et-Garonne).
367 **ALLONGE** Rochers et bords de mer.	725 — Calle Sierpe-Seville,
368 — Bords de rivière.	725 *bis*. — Un coin de parc.
369 — Le soir dans la campagne.	776 — Ruines d'un château.
701 **LALANNE**. La saulée.	777 — Allée d'un parc.
702 — Rocs et ronces.	778 — Vieille maison.
703 — Etude de fabrique.	779 — Sous bois.
	780 — Escalier rustique.

Fusains par Allongé et Lalanne.

Format 35 × 28. Prix de chaque planche, au lieu de 4 fr., net . . . . **1** fr. **25**

623 **ALLONGÉ**. Un lac, composition.	650 **ALLONGÉ**. Abords d'une carrière, à l'Isle-Adam.
624 — Etude de ciel.	651 — Entrée d'un hameau.
625 — Paysage, d'après nature.	652 — Coucher de soleil.
626 — Fin d'une allée.	654 — Rochers dans la forêt.
627 — Bords de marais, Bretagne.	727 **LALANNE**. Falaise avec barque échouée.
628 — Allée sous bois.	728 — Vue d'une vieille tour et église.
629 — Une allée aux environs de Chevreuse.	729 — Une allée du jardin de l'Elysée, Paris.
630 — Bords de l'Yère, à Crosne.	731 — Etude de ciel.
631 — Val d'Enfer à Avallon.	732 — Fossés du château de Neuvic (Dordogne).
632 — Un bouleau mort.	733 — La rivière d'Yère, à Brunoy.
633 — Rochers, à Fontainebleau.	734 — Almeira (Espagne).
634 — Eclaircie sous bois.	735 — Eglise de Beaumont, vue prise de Nointel.
636 — Bords de l'Oise.	736 — Vue de Bordeaux.
637 — Chargement d'une péniche.	737 — Une tourelle à Quimper (Finistère).
639 — Entre deux îles.	738 — Vue de Malaga.
640 — Souvenirs de Normandie.	740 — Port de Pont-Aven (Finistère).
641 — Souvenirs de Bretagne.	741 — Vue prise à Auray (Morbihan).
642 — Bords de l'Oise, à l'Isle-Adam.	742 — La baie des Trépassés (Finistère).
643 — Le moulin.	743 — Intérieur de ferme.
644 — Coucher de soleil.	744 — La naumachie, parc Monceau, Paris.
645 — Etude de chardons.	745 — Clair de lune dans les Pyrénées.
646 — Débarcadère.	746 — Eglise de Nointel (Seine-et-Oise).
647 — Saule à Montgeron.	747 — Vue de Courcelle, prise de Presle.
648 — Etang de Rueil.	749 — Une solitude.
649 — Vue d'Hyères.	750 — Intérieur rustique.

Fusains grand format, par Allongé, Lalanne, Appian, Hennequin, Barthélemy, etc.

Format 50 × 18. Prix de chaque planche, au lieu 5 fr., net. . . . **1** fr. **75**

370 **MIRIEL**. Paysage, effet de neige.	376 **DE NAENTHE**. Pont rustique dans les Pyrénées.
371 — La rivière des pêcheurs.	379 — Une rivière, effet de nuit.
372 **ALLONGE**. Les gros saules.	380 — Reconnaissance militaire, effet de nuit.
373 **COINDRE**. Quai de Battant, Besançon.	381 **QUEYROY**. Souvenirs de la Gaule.
375 **DE NAENTHE**. Une vue des Pyrénées.	383 — Tapisserie décorative.

Fusains Armoiries, Estampes japonaises et Vues

384 **MIRIEL.** Entrée du port de Marseille (éventail).
389 **BOGOLUBOFF.** — Une vue de Saint-Pétersbourg, la nuit.
396 **BETBEDER.** Combat naval, effet de nuit.
397 — Combat naval de 2 vapeurs.
401 **APPIAN.** Environs de Monaco.
402 — Bateaux au port.
403 — Départ des bateaux-pêcheurs.
404 — Lac d'Arendon.
405 — Rochers au bord du lac.
406 — En Égypte.
412 — L'étang des roseaux.
413 — Route de Gênes.
501 **HENNEQUIN.** Pins d'Italie, dans l'Estarelle (Var).
503 — Le torrent de Vaulongue.
505 — Les vieux chênes.
506 — Le chêne du pendu.
509 — Prairie de la Horgne.
602 **ALLONGÉ.** Effet de soleil sous bois.
603 — Saulée à Mériel.
604 — Étang de Chaville.
605 — Allée dans un parc.
608 — Panneau décoratif.
609 — Panneau décoratif.
610 — Au bord de la Marne.

611 **ALLONGÉ.** Aperçu de château.
612 — Vue de la ville du Puy.
613 — Sous les saules.
616 — Panneau décoratif.
617 — Panneau décoratif.
619 — Étude de roches.
620 — Allée sous bois.
621 — Le gros chêne.
622 — Arbre et marais.
751 **LALANNE.** Rocher de Beuzec (Finistère).
752 — Fribourg pris du pont de Gotteren.
753 — Vue d'Auray (Morbihan).
755 — Troncs de sapins (Pyrénées).
757 — Aux bords d'un étang, parc de Mᵐᵉ de Balzac.
758 — Les ormeaux de Cenon, près Bordeaux.
759 — La citadelle de Besançon (Doubs).
760 — Vue générale de Fribourg (Suisse).
762 — Incendie dans le port de Bordeaux, 1869.
764 — Parc du marquis de Mesgriguy, à Villebertin.
766 — Un pied de tabac.
767 — Bordeaux, vue prise des Chartrons.
768 — Platane, parc de Mᵐᵉ de Balzac.
769 — Vue de Paris, prise du Trocadéro.
770 — Composition historique.
772 — Ruines du château de Pierrefonds.
774 — Rue Kériou, à Quimper (Finistère).

ARMOIRIES, DRAPEAUX ET DÉCORATIONS

Très belles planches en or, argent et couleurs, format 26 × 32, chaque, net. **0 fr. 25**

Armoiries des grandes puissances : 8 figures, dont 4 pour la France et les autres pour l'Angleterre, l'Autriche, l'Allemagne et la Russie.
Casques, Couronnes, Chapeaux et Toques, 49 figures.
Armoiries des grands feudataires et familles historiques de France : 40 Armoiries.
Ordres de chevalerie : 56 figures de décorations.

Planches doubles, chaque, net. . . . . **0 fr. 50**

Éléments de l'Art héraldique. . . . . 120 figures.
Armoiries des chefs-lieux des départements de la France. . . . . 80 —
— des principales puissances. . . . . 27 —
Drapeaux et Pavillons des différents peuples. . . . . 72 —

ESTAMPES JAPONAISES ANCIENNES

Ces estampes, que nous recevons directement du Japon, sont en très belles épreuves et recherchées des amateurs, tant pour leur variété que pour leurs couleurs; la plupart sont signées par des artistes connus et représentent les scènes les plus diverses : MARINES, POISSONS, ANIMAUX, PAYSAGES, SCÈNES D'INTÉRIEURS JAPONAIS, FIGURES, GUERRIERS, etc. Dans ces estampes du plus fier dessin et de la plus savante assurance dans le trait, la coloration de l'aquarelle qui les recouvre a une solidité qui vous enlève toute impression d'un coloriage sur du papier, on est tenté de prendre ces images pour des panneaux peints à l'huile.

Chaque planche, montée sur bristol, format 55 × 40. Au lieu de 3, 4 et 5 fr. . . . . net. » fr. 65
Les mêmes sous verre, pouvant être accrochées de suite dans vestibule, salon, salle à manger, fumoir. Format 51 × 37, net . . . . **2 fr. 95**

LES GRANDS MONUMENTS DE PARIS
REPRODUITS PAR LA PHOTOTYPIE

Chaque planche format 50 × 65. Au lieu de 10 fr., net. . . . . **1 fr. 50**

Notre-Dame de Paris (vue de face).
Notre-Dame de Paris (côté droit).
Église de la Madeleine.
Église de la Trinité.
Église Saint-Augustin.
Église Saint-Vincent-de-Paul.
Église Saint-Laurent.

Église Saint-Germain-l'Auxerrois.
Place de la Concorde.
Opéra (façade).
Pont Solférino.
Parc Monceau (la Colonnade).
Porte Saint-Martin.
Fontaine de Médicis.

Lac du Bois-de-Boulogne.
Cascade du Bois de Boulogne.
Le chantier de l'Hôtel de Ville.
L'Hôtel de Ville, inaug. 13 juill. 1882.
Théâtre de la Renaissance.
Face de l'Exposition universelle d'Amsterdam de 1883.

VIGNETTES ET EAUX-FORTES

Pouvant servir à illustrer toutes les éditions des ouvrages désignés ci-dessous :

FABLES DE LA FONTAINE — 13 planches de Bodmer, Brown, Daubigny, Detaille, Gérôme, L. Leloir, Em. Lévy, H. Lévy, Millet, Ph. Rousseau, Stevens, Worms, portr. par Flameng, en héliogravure, ou grav. à l'eau-forte, 30 fr., net. **15 fr.**
En épreuves avant la lettre, héliogravure. 40 fr. Net. **20 »**
Avant toute lettre, héliograv. ou eaux-fortes. 75 fr . . . . . net. **35 »**

IMITATION DE JÉSUS-CHRIST. — 5 pl. d'Henri Lévy, grav. par Waltner fr., 15, net. **7 50**
En épreuves avant la lettre, 25 fr. . . . net. **12 50**
Avec grandes marges avant toute lettre. 40, net. **20 »**

THÉATRE DE MOLIÈRE. — 31 dessins de L. Leloir et un portrait, gravés par Flameng, 120 fr. . . . net. **60 »**
Avant la lettre 175 fr. . . . . net. **87 50**
La planche de la *Muse de Molière*, comprise dans la suite ci-dessus, 6 fr. . . . net. **3 »**

FAUST. — 6 dessins de J.-P. Laurens et portrait, gravés par Champollion, 20 fr. . net. **10 »**
Avant la lettre, 30 fr. . . . . net. **15 »**
20 épreuves avant toute lettre, sans l'aciérage, in-4° jésus, 50 fr. . . . . net. **25 »**

PSYCHÉ. de Molière. — 6 pl. gr. par Champollion, 25 fr. . . . . net. **12 50**
Avant la lettre : sur chine, 50 fr. ; — sur vergé. 45 fr . . . . . net. **22 50**
Av. toute lettre, sur japon, 70 fr. ; — sur vergé, 60 fr . . . . . net. **30 »**

CONTES DE A. DAUDET. — 7 pl. par E. Burnand, 18 fr. . . . . net. **9 »**
Avant la lettre, 30 fr . . . . . net. **15 »**
30 épr. av. toute lett., in-4° j., 45 fr. . net. **22 50**

LE ROI DES MONTAGNES. — 7 dessins de Ch. Delort et un portrait, gravés par Mongin, 18 fr . . . . . net. **9 »**
Avant la lettre, 30 fr. . . . . net. **15 »**
Avant toute lettre, in-4° jésus, 45 fr. . . net. **22 50**
Sur Japon, 60 fr. . . . . net. **30 »**

LE CAPITAINE FRACASSE. — 14 dessins de Ch. Delort et un portrait, gravés par Mongin, 40 fr . . . . . net. **20 »**
Avant la lettre, 60 fr. . . . . net. **30 »**
Avant toute lettre, in-4° jésus, 90 fr., net. **45 »**
Sur Japon, 115 fr. . . . . net. **57 50**
En premier état sur pap. du Japon, 300 fr., net. **150 »**

PAGE D'AMOUR. — 10 dessins de Dantan et un portrait, gravés par Duvivier 28 fr., net. **14 »**
Avant la lettre, 40 fr. . . . . net. **20 »**
Avant toute lettre, in 4° jésus, 60 fr. . . net. **30 »**
Sur Japon 80 fr. . . . . net. **40 »**
Dix suites en premier état sur pap. du Japon, 150 fr. . . . . net. **75 »**

SERVITUDE ET GRANDEUR MILITAIRES. — 6 dessins de J. Le Blant et portrait, gravés par Champollion, 20 fr. . . . . net. **10 »**
Avant la lettre, 30 fr . . . . . net. **15 »**

...LYN — 9 dessins de Besnard, gravés par de Los Rios. 22 fr. . . . . net. **11 »**
Avant la lettre, 35 fr . . . . . net. **17 50**
Avant toute lettre, in-4° jésus, 50 fr. . net. **25 »**
Sur Japon, 65 fr . . . . . net. **32 50**
En premier état sur pap. du Japon, 175 fr., net. **87 50**

GRAZIELLA. — 6 dessins de Bramtot et un portrait, gravés par Champollion, 18 fr. . . net. **9 »**
Avant la lettre, 30 fr. . . . . net **15 »**
Avant toute lettre, in-4° jésus, 45 fr. . . net. **22 50**
Sur Japon, 60 fr. . . . . net **30. »**
Dix suites en premier état sur pap. du Japon, 140 fr. . . . . net. **70 »**

CHEVALIER DES TOUCHES. — 6 dessins de J. Le Blant et portrait gravé par Champollion, 20 fr. . . . . net. **10 »**
Avant la lettre, 30 fr. . . . . net. **15 »**
30 épr. avant toute lett., in-4° jésus, 50 fr., net. **25 »**

NOUVELLES DE MÉRIMÉE. — 8 dessins de J.-J. Aranda, de Beaumont, Bramtot, J. Le Blant, Merson, Myrbach, Sinibaldi, gravés par Le Rat, Lalauze, Toussaint, Champollion, Géry-Bichard, Manesse, Em. Buland, 20 fr. . net. **10 »**
Avant la lettre, 30 fr. . . . . net. **15 »**
Avant toute lettre, in-4° jésus, 45 fr. . . . net. **22 50**
Sur Japon, 60 fr. . . . . net. **30 »**

LES FILLES DU FEU. — 6 dessins d'Em. Adan et portr., grav. par Le Rat, 18 fr., net. **9 »**
Avant la lettre, 30 fr. . . . . net. **15 »**
Avant toute lettre, in-4° jésus 45 fr. . . . net. **22 50**
Sur Japon, 60 fr. . . . . net. **30 »**
Dix suites en premier état sur pap. du Japon, 175 fr. . . . . net **87 50**

THÉATRE DE MUSSET. — 16 dessins, de Ch. Delort, gravés par Boilvin, 45 fr. . . net. **22 50**
Avant la lettre, 65 fr. . . . . net. **32 50**

PAUL ET VIRGINIE. — 4 pl. de Foulquier. 8 fr . . . . . net. **4 »**

HEPTAMÉRON. — 8 planch. de Flameng et port. de Marguerite de Navarre. In-8°. 18 fr., net. **9 »**

DÉCAMÉRON. — Les 11 pl. de Flameng. In-8°, 22 fr. . . . . net. **11 »**

CENT NOUVELLES NOUVELLES. — 10 dessins de J. Garnier, reproduits en héliogravure, ou gravés à l'eau-forte par Lalauze, 20 fr., net. **10 »**
En épreuves avant la lettre, 30 fr. . . . net. **15 »**

MANON LESCAUT. — 6 planches d'Hédouin, 13 fr. . . . . net. **6 50**

VOYAGES DE GULLIVER. — 9 pl. de Lalauze. 18 fr. . . . . net. **9 »**
Avant la lettre. 27 fr. . . . . net. **13 50**

VOYAGE SENTIMENTAL. — 6 pl. d'Hédouin, 13 fr. . . . . net. **6 50**

RABELAIS. — 11 pl. de Boilvin, 22 fr., net. **11 »**
Avant la lettre, 33 fr. . . . . net. **17 50**
50 épr. av. toute lettre, in-8° jésus, 55, fr., net. **27 50**

CONTES DE PERRAULT. — 12 pl. de Lalauze. 24 fr. . . . . net. **12 »**
Avant la lettre, 40 fr. . . . . net. **20 »**
25 épr. avant toute lettre, in-8° jésus, 60, net. **30 »**

CONTES RÉMOIS. — 7 planches gravées par Rajon sur les dessins de J. Worms, 14 fr., net. **7 »**
Avant la lettre, 22 fr. . . . . net. **11 »**
25 épr. avant toute lettre, in-8° jésus, 40, net. **20 »**

VOYAGE AUTOUR DE MA CHAMBRE. — 6 planches d'Hédouin, 13 fr. . . . . net. **6 50**
Avant la lettre, 20 fr. . . . . net. **10 »**
50 épr. av. toute lettre, in-8° jésus, 30 fr., net. **15 »**

Eaux-fortes.

ROMANS DE VOLTAIRE. — 12 pl. de Laguillermie, 25 fr. . . . . net. 12 50
Avant la lettre, 40 fr. . . . . net. 20 »
Avant toute lettre, in-8° jésus, 65 fr. . . . net. 32 50
Sur Japon, 80 fr. . . . . net. 40 »
ROBINSON CRUSOÉ. — 9 pl. de Mouilleron, 20 fr. . . . . net. 10 »
Avant la lettre, 30 fr. . . . . net. 15 »
Avant toute lettre, in-8° jésus, 50 fr. . . . net. 25 »
Sur Japon, 65 fr. . . . . net. 32 50
PAUL ET VIRGINIE. — 6 pl. de Laguillermie, 13 fr. . . . . net. 6 50
Avant la lettre, 20 fr. . . . . net. 10 »
40 épreuves avant toute lettre, in-8° jés., 30 fr. . . . . net. 15 »
GIL BLAS. — 13 pl. par de Los Rios, 26 fr., net. 13 »
Avant la lettre, 40 fr. . . . . net. 20 »
Avant toute lettre, 60 fr. . . . . net. 30 »
Sur Japon, 80 fr. . . . . net. 40 »
CHANSONS DE NADAUD. — 12 pl. par E. Morin, 24 fr. . . . . net. 12 »
Avant la lettre, 36 fr. . . . . net. 18 »
Avant toute lettre, 40 fr. . . . . net. 20 »
Sur Japon, 55 fr. . . . . net. 27 50
DIABLE BOITEUX. — 9 planches par Lalauze. 18 fr. . . . . net. 9 »
Avant la lettre, 30 fr. . . . . net. 15 »
Avant toute lettre, 45 fr. . . . . net. 22 50
ROMAN COMIQUE. — 10 pl., par Flameng, 20 fr. . . . . net. 10 »
Avant la lettre, 30 fr. . . . . net. 15 »
Avant toute lettre, 45 fr. . . . . net. 22 50
Dix suites en premier état sur pap. du Japon, 140 fr. . . . . net. 70 »
CONFESSIONS DE ROUSSEAU. — 13 pl. par Hédouin, 30 fr. . . . . net. 15 »
Avant la lettre, 45 fr. . . . . net. 22 50
30 épr. avant toute lettre, in-8° jésus, 75, net. 37 50
MILLE ET UNE NUITS. — 21 planches, par Lalauze, 45 fr. . . . . net. 22 50
Avant la lettre, 70 fr. . . . . net. 35 »
30 épr. avant toute lettre, in-8° jésus, 110, net. 55 »
DAMES GALANTES. — 9 dessins d'Ed. de Beaumont et un portrait, gravés par Boilvin. 22 fr. . . . . net. 11 »
Avant la lettre, 35 fr. . . . . net. 17 50
30 épr. av. toute lettre, in-8° jésus, 55 fr., net. 27 50
NUITS DE STRAPAROLE. — 14 dessins de J. Garnier, gravés par Champollion, 30 fr., net. 15 »
Avant la lettre, 45 fr. . . . . net. 22 50
Avant toute lettre, 70 fr. . . . . net. 35 »
Sur Japon, 90 fr . . . . net. 45 »
Dix suites en premier état sur pap. du Japon, 175 fr. . . . . net. 87 50
BEAUMARCHAIS, *Barbier de Séville, Mariage de Figaro.* — 9 dessins d'Arcos et portr. grav. par Monziès, 18 fr. . . . . net. 9 »
Avant la lettre, 30 fr. . . . . net. 15 »
Av. toute lettre, 45 fr. . . . . net. 22 50
Sur Japon, 60 fr. . . . . net. 30 »
Dix suites en premier état sur pap. du Japon, 150 fr. . . . . net. 75 »
DIABLE AMOUREUX. — 7 pl. par Lalauze, 15 fr. . . . . net. 7 50
Avant la lettre, 24 fr. . . . . net. 12 »
Av. toute lettre, 36 fr. . . . . net. 18 »
Sur Japon, 50 fr. . . . . net 25 »
CONTES D'HOFFMANN. — 11 l. par Lalauze. 22 fr. . . . . net 11 »
Avant la lettre, 35 fr. . . . . net. 17 50
Av. toute lettre, 55 fr. . . . . net. 27 50
Sur Japon, 70 fr. . . . . net. 35 »
FAUBLAS. — 15 dessins de Paul Avril et un portrait gravés par Monziès, 32 fr. . . . net. 16 »
Avant la lettre, 50 fr. . . . . net. 25 »
Av. toute lettre, 75 fr. . . . . net. 37 50
Sur Japon, 100 fr. . . . . net. 50 »
Dix suites en premier état sur pap. du Japon, 200. . . . . net 100 »
DON QUICHOTTE. — 17 dessins de J. Worms et un portr., grav. par de Los Rios, 40 fr., net. 20 »
Avant la lettre, 60 fr. . . . . net. 30 »
Av. toute lettre, 90 fr. . . . . net. 45 »
Sur Japon, 115 fr. . . . . net. 57 50
Dix suites en premier état sur pap. du Japon, 275 fr. . . . . net. 137 50
CONTES DE LA FONTAINE. — 10 dessins d'Edouard de Beaumont et un portrait, gravés par Boilvin, 25 fr. . . . . net. 12 50
Avant la lettre, 40 fr. . . . . net. 20 »
30 épr. av. toute lettre, in-8° jésus, 60 fr., net. 30 »
FABLES DE LA FONTAINE. — 12 dess. d'Em. Adan et un portr., grav par Le Rat, 26 fr., net. 13 »
Avant la lettre, 40 fr. . . . . net. 20 »
Avant toute lettre, 65 fr. . . . . net. 32 50
LETTRES PERSANES — 8 dess. d'Ed. de Beaumont et un portr., gravés par Boilvin, 20 fr., net 10 »
WERTHER. — 7 planches par Lalauze, 15 fr net. 7 50
Avant la lettre, 24 fr. . . . . net. 12 »
Av. toute lettre, 36 fr. . . . . net. 18 »
Sur Japon, 45 fr. . . . . net. 22 50
Dix suites en premier état sur pap du Japon. 125 fr. . . . . net. 62 50
FABLES DE FLORIAN. — 6 dess. d'Em. Adan et portrait, gravés par Le Rat, 15 fr. . . . net 7 50
Avant la lettre, 25 fr. . . . . net. 12 50
Av. toute lettre, 40 fr . . . . net. 20 »
Sur Japon, 50 fr. . . . . net. 25 »
Dix suites en premier état sur pap. Japon, 125 fr. . . . . net. 67 50
MES PRISONS. — 6 dessins de Bramtot et portrait, gravé par Toussaint, 15 fr. . . . net. 7 50
Avant la lettre, 24 fr. . . . . net. 12 »
Av. toute lettre, 36 fr. . . . . net. 18 »
Sur Japon, 45 fr. . . . . net. 22 50
Dix suites en premier état sur pap. Japon, 100 fr. . . . . net. 50 »
VICAIRE DE WAKEFIELD. 9 pl. de Lalauze, 20 fr. . . . . net. 10 »
Avant la lettre, 30 fr. . . . . net. 15 »
Avant toute lettre, 45 fr. . . . . net. 22 50
RICHEPIN (J.). *Les Blasphèmes.* — Suite de de 8 eaux-fortes de Poirson, sur Hollande, Chine ou Japon en noir ou sanguine, épreuves d'artiste avant toute lettre, 12 fr. . . . . . net. 6 »
Avec remarques, sur Japon, 20 fr. . . . . net. 8 »
Portrait par De Liphart, Chine ou Hollande, 5 fr. . . . . net. 1 »
— par Henri Lefort, épr. d'artiste, sur Japon, 8 fr. . . . . net. 4 »
RICHEPIN (J.) *Œuvres, Césarine, Madame André, Les Blasphèmes.* — Chaque vol. pet. in-12. 6 fr. . . . . net. 3 »
LA GLU. — Hollande, 12 fr. . . . . net. 6 »
— Whatman, 15 fr. . . . . net. 7 50
— Chine, 24 fr . . . . net. 12 »
LE PAVÉ. — Japon, 24 fr. . . . . . net 12 »
Exemplaires numérotés.

Eaux-fortes.

NOUVELLE HÉLOÏSE. — 19 pl. par Hédouin,
Toussaint et Lalauze, 25 fr. . . . . net. 12 50
Avant la lettre, 35 fr. . . . . net. 17 50
Avant toute lettre, 55 fr. . . . . net. 27 50
Sur Japon, 70 fr. . . . . net. 35 »
En prem. état sur pap. du Japon, 225 fr., net. 112 50
MÉMOIRES DE Mme DE STAAL. — 41 pl. par
Lalauze, 42 fr. . . . . net. 21 »
Avant la lettre, 60 fr. . . . . net. 30 »
Avant toute lettre, 90 fr. . . . . net. 45 »
En premier état sur Japon, 375 fr. . . net. 187 50
LES PIÈCES DE MOLIÈRE. — 30 dessins de
Louis Leloir et un portrait d'après Mignard,
gravés par Champollion, 65 fr. . . . . net. 32 50
Avant la lettre, 130 fr. . . . . net. 65 »
Avant toute lettre, 190 fr. . . . . . . net. 95 »
Sur Japon, 300 fr. . . . . net. 150 »
Dix suites en premier état sur pap. de Chine,
la collection, 450 fr. . . . . net. 225 »
Vingt suites en premier état sur pap. du
Japon. la collection, 450 fr. . . . . . . net. 225 »
COLLOQUES D'ÉRASME. — 53 vignettes et un
portr. gr. à l'eau forte par J. Chauvet. 40 fr., net. 20 »
BRILLAT-SAVARIN, *Physiologie du Goût.*
— 52 planches de Lalauze, 50 fr. . . . net. 25 »
Épreuves avant toute lettre, 100 fr. . . . net. 50 »
QUINZE JOYES DE MARIAGE. — 21 pl. de
Lalauze, 20 fr. . . . . 10 »
Avant toute lettre, 35 fr. . . . . net. 17 50

Sur Chine, 45 fr. . . . . net. 22 50
LONGUS, *Daphnis et Chloé*. — 4 pl. d'É. Lévy,
4 fr. . . . . net. 2 »
ATALA ET RENÉ. — 5 pl. d'É. Lévy, 5 fr., net. 2 50
Avant la lettre, 8 fr. . . . . net. 4 »
PSYCHÉ. — 5 pl. oblong., d'É. Lévy., 5 fr., net. 2 50
Avant la lettre, 8 fr. . . . . net. 4 »
CAQUETS DE L'ACCOUCHÉE. — 14 pl. de
Lalauze, 15 fr. . . . . net. 7 50
Av. toute lettre, 30 fr. . . . . net. 13 »
Sur Chine, 35 fr. . . . . net. 17 50
PAUL ET VIRGINIE. — 5 pl. oblongues, d'É.
Lévy, 5 fr. . . . . net. 2 50
Avant la lettre, 8 fr. . . . . net. 4 »
AMINTE. — 5 pl. oblong., de Ranvier, 5 fr., net. 2 50
Avant la lettre, 8 fr. . . . . net. 4 »
ANACRÉON. — 5 pl. obl., d'É. Lévy, 5 fr, net. 2 50
Avant la lettre, 8 fr. . . . . net. 4 »
THÉOCRITE. — 5 pl. oblongues, d'É. Lévy,
5 fr. . . . . net. 2 50
Avant la lettre, 8 fr. . . . . net. 4 »
Dix suites en premier état sur pap. du Japon.
40 fr. . . . . net. 20 »
ORESTIE. — 6 planches par G. Rochegrosse.
6 fr. . . . . net. 3 »
Avant la lettre, 9 fr. . . . . net. 4 50
Dix suites en premier état sur pap. du Japon.
45 fr. . . . . net 22 50

PORTRAITS A L'EAU-FORTE

Avant la lettre, 3 fr., net. . . . . **1** fr. **50**. — Avec la lettre, 2 fr., net. . . . **1** fr. »

About.
Arnould-Plessy (Mme).
Barbey d'Aurevilly.
Baretta-Worms.
Barré.
Barye.
Baudry (Paul).
Beaumarchais.
Bernardin de St-Pierre.
Bernhardt (Sarah).
Boccace.
Boileau.
Bonnat (L.).
Bossuet.
Boufflers.
Brantôme.
Bressant.
Brillat-Savarin.
Brohan (Madeleine).
Campra.
Carolus-Duran.
Carpeaux.
Carvalho (Mme).
Cazotte.
Cervantes.
Chamfort.
Chénier (A.).
Chéri (Rose).
Comte de Chevigné.
Cogniet.
Coquelin aîné.
Coquelin cadet.
Corneille.
Corot.
Courier (Paul-Louis).
Croizette (Sophie).
Courbet.
Couture.

Daubigny.
Daudet (A.).
Daumier.
Debureau.
Delacroix.
Delannoy.
Delaunay.
Detaille.
Diaz.
Diderot.
Doré (G.).
Dorval (Mme).
Dubois (P.).
Dudlay (A.).
Dumas (Alexandre) père.
Dupré (Jules).
Dupuis.
Erasme.
Favart (Maria).
Fargueil (Anaïs).
Falguière.
Febvre.
Florian.
Foë (Daniel de).
Fontenelle.
Fromentin.
Gautier (Th.).
Geoffroy.
Gérard de Nerval.
Gérôme.
Gluck.
Gœthe.
Goldsmith.
Got
Hamilton.
Hamon.
Henner.
Henri IV

Hoffmann.
Jacque (C.).
Jane Essler.
Janin (Jules).
Jouassin (Clémentine).
La Bruyère.
La Fontaine.
Lafontaine, comédien.
Lamartine.
La Rochefoucauld.
Laurens (J.-P.).
Laurent (Marie).
Leblanc (Léonide).
Lefebvre (J.).
Leloir (Louis).
Le Sage.
Ligne (P. de).
Louvet de Couvray.
Lully.
Malherbe.
Marguerite de Navarre.
Marivaux.
Mars (Mlle).
Maubant.
Meissonier.
Mérimée.
Meyerbeer.
Millet (J.-F.).
Molènes (P. de).
Molière
Montaigne.
Montesquieu.
Mounet-Sully.
Müller (Mlle).
Musset (A. de).
Pasca (Mme).
Pascal.
Perrault (Ch.).

Pierson (Blanche).
Pils.
Ponsard.
Préault.
Prévost (l'Abbé).
Rabelais.
Rachel.
Racine.
Rameau.
Regnard.
Régnier (Mathurin).
Régnier, comédien.
Regnault (Henri).
Reichemberg.
Rivarol.
Rossini.
Rotrou.
Rousseau (J.-J.).
Rousseil.
Samary (Jeanne).
Saint-Évremond.
Saint-Germain, comédien.
Scarron.
Silvio Pellico.
Spontini.
Staal de Launay (Mme)
Sterne.
Swift.
Tassaërt.
Vigny (A. de).
Voiture.
Vollon.
Voltaire.
Worms, comédien.
Zola (Em.).

Eaux-fortes

COMPOSITIONS ARTISTIQUES ET SYMBOLIQUES

Ces collections sont tirées sur papier de Hollande, format in-4°, et renfermées dans une couverture illustrée d'une eau-forte symbolique.

Chaque collection, au lieu de 20 francs. . . . . net. **8** francs.

RÊVERIES FANTASTIQUES

Collection de 12 gravures à l'eau-forte, par APOUX.

L'Araignée. L'Absinthe. Le Vin. La Foudre. Le Papillon. Le Punch. La Neige. Les Giboulées. Le Moulin galant. Le Vampire. Le Baiser. Le Tourbillon.

VIERGES SAGES ET VIERGES FOLLES

12 jolies planches à l'eau-forte, par APOUX.

Prima Virgo. Mori me cogis. La Chasteté. La Révélation. L'Ivresse. La Flagellation. Good evening. L'Idée fixe. Tobe or not to be. Chimère. Fin de siècle. Excelsior.

FOLATRERIES ARTISTIQUES

Jolies gravures à l'eau-forte et à la pointe sèche, par APOUX, LEBÈGUE, DE STA.

Fleur du mal. Impressionnisme. Les Masques et la Vérité. Le Miroir. Le Papillon. La Jardinière. Je n'y suis pas du tout. Arlequine. Ça mord. Les Anges. La Patineuse hollandaise. Odalisque.

FANTAISIES ARTISTIQUES

12 eaux-fortes, par SOMM, DE STA, APOUX, LEBÈGUE, F. FAU, etc.

Le Moulin-Rouge. Une Journée au Château. L'Homme et sa Chimère. Fœmina. Une Farandole militaire. Un Bal sous le premier Empire. Le Baiser du Porion. Le Joujou. La Folie gardant la Chimère. Lima et Stellæ. Un Trio célèbre. Le Départ pour Cythère.

NOUVELLES FANTAISIES ARTISTIQUES

Suite de 12 planches à l'eau-forte, vernis mou et héliogravure, par LÉONNEC, APOUX,
LEBÈGUE, NOURY, ULM.

L'Adieu du Marin. La Dénicheuse d'amours. Confidences. La Marchande de Chats. La Dresseuse de petits cochons. Femme mystique. Un Rêve. Minette, jeune Femme devant son chat. La Pieuvre. En Australie. Appel de la Jeunesse. L'Organe du diable.

SILHOUETTES PARISIENNES

ÉTUDES ET CROQUIS DE ROBERT KISS

Chaque sujet à l'eau-forte, tiré en sanguine, format 30 × 19 . . net. **0** fr. **75**

L'Été.	Le Nid.	Fumeuse (vue de profil).
En Pantalon.	Baigneuse.	En 1795.
Estudiantina.	Clownesses.	Danseuse du Moulin-Rouge.
Les Cerises.	La Puce.	Excentric Dancer.
Fleur des Champs.	Yvette Guilbert.	La Coiffure.
La Gommeuse.	La Commère.	Le Lever.
Les Pommes.	Fumeuse (vue de dos).	La Patineuse.

SOLDE D'ALBUMS ET GRAVURES

Amérique. 6 planches, format 40 × 29.

Poney-Post. Lincoln recevant les Indiens comanches. Enlèvement de la femme d'un colon. Camp Indien. Indien revenant du marché et la Marchande de charbon. Le Porteur d'eau et le Potier.

Au lieu de 6 francs . . . . net **1** fr. **50**

Italie. Collection de 7 jolies planches, format 40 × 29.

Moissonneurs, environs de Bassano. Bouquetières à Florence. Madone de l'église St-Augustin. Jeu de la morana, à Bologne. Les Barquettes, à Gênes. Environs de Rome. Le Corricolo.

Au lieu de 7 francs . . . . net **2** francs.

Le Rhin. 7 charmantes planches, format 40 × 29.

Auberge allemande. Assendelft. Marché à Boppart. Place du Palais des Comtes, à Gand. Nord-Hollande. Zuyderzée. Un marché en Tyrol.

Au lieu de 7 francs . . . . net **2** francs.

Sujets religieux. Collection de 9 planches, format 32 × 45.

Sainte Geneviève. Sainte Thérèse. Sainte Blanche de Castille. Sainte Catherine de Sienne. Sainte Paule et Sainte Eustoquie. Sainte Dorothée. Sainte Clotilde. La Samaritaine. La fille de Jephté.

Au lieu de 9 francs . . . . net **1** fr. **50**

Album, contenant 10 fusains montés sur bristol, format 25 × 32, titre or.
Superbes épreuves de SMITH.

Les Hirondelles sous les saules. Pêcheur en bateau. En route pour la Chasse. Une Péniche au repos. Les Bords du grand lac. La Mare aux Canards. L'Étang de Chaville. Un Lavoir en rivière. Paysage d'hiver, et un Clocher de campagne, effets de neige.

Au lieu de 10 francs . . . . net **4** fr. **50**

---

15 fusains de 33 × 50, montés sur bristol et réunis en un portefeuille in-f°, titre or.

ALLONGÉ : Effet de neige ; Étude d'après nature ; En Forêt de Fontainebleau ; Sous Bois — APPIAN : Environs de Rochefort, marine ; Ruisseau du Roussillon (Ain) ; Sur la Lisière du Bois, en Dauphiné ; Route de Montagne ; Les Rochers. — BOUGUEREAU : Études de têtes d'enfants ; Des Jeux ; Cour de ferme. — GRANDSIRE : Paturage à Cour-Cheverny. — KARL-ROBERT : Étude d'après nature ; La passe de l'Hirondelle. — VIGNAL : Marine.

Au lieu de 32 francs . . . . net **7** fr. **75**

---

20 fusains, en un carton portefeuille, titre or, chaque sujet monté sur bristol,
format 33 × 50.

ACKER : Fossés de forteresse, à Petro-Pawlosk. — BACH-WATCH : Étude d'arbres et de roches. — BARRIAS : Tête de moine. — BEAUMETZ : Croquis militaires. — CRESPELLE : Marine. — DIEU : Sous Bois. — DUCARUGE : Les Bords de l'Ain (Loire) ; Les bords du Furens, effets de neige. — LALANNE : Pont rustique. — LAPOSTOLET : Un coin de port. — PHOTOGRAPHIE : Forêt de Fontainebleau. — SIMON : Étude de rochers ; Les Roseaux. — SMITH : La rivière d'Arques, à Dieppe ; Étang de Gisors ; Sentier Saint-Charles, près Gisors ; Bords de l'Epte, à Gisors. — THIRION : Étude de pied et de main ; Étude d'homme tirant un câble. — VIGNAL : Vue de parc.

Au lieu de 12 francs . . . . net **9** fr. **75**

LA FRANCE EN IMAGES

Splendide Album contenant 100 planches des plus belles vues, sites et principaux monuments de la France. Riche cartonnage, titre or, format 24 × 32. Au lieu de 5 fr., net. **1** fr. **75**

ALBUM DE VINGT BATAILLES
DE LA
RÉVOLUTION ET DE L'EMPIRE
SPLENDIDE ALBUM

Ces planches ont été dessinées et gravées par les meilleurs artistes. Quelques-unes sont coloriées. Élégant cart., titre or, format obl. de 43 × 30. Au lieu de 25 fr., net. **3** fr. **75**

LES
GRANDS MAITRES DU XVIIIE SIÈCLE

REPRODUCTION EN FAC-SIMILÉS DE LEURS PLUS BEAUX DESSINS

ŒUVRE DE P.-P. PRUDHON

50 planches in-4°. . . . . net. **85** fr. »
Chaque planche se vend séparément . . . . net. **2** fr. »

TITRE : Cartouche ayant un enfant pour support.
1 Daphnis et Chloé.
2 Poésie.
3 Apollon et Caliope.
4 Richesse.
5 Clio et Uranie.
6 Volupté.
7 Thalie et Melpomène.
8 Sagesse.
9 Euterpe et Polymnie.
10 La science.
11 Terpsichore et Erato.
12 La musique.
13 Le matin.
14 La navigation.
15 Le midi.
16 L'agriculture.
17 Le soir.
18 La victoire.
19 La nuit.
20 L'honneur.
21 La justice.
22 L'industrie.
23 L'amour au repos.
24 La paix.
25 L'amour au flambeau.
26 Le commerce.
27 Le triomphe de Vénus.
28 La littérature.
29 Zéphire.
30 La renommée.
31 Les petits dévideurs.
32 La peinture.
33 Une pensée.
34 Les cimbales.
35 L'étude guide l'essor du génie.
36 Le triangle.
37 Les petites fleurs.
38 Le tambour de basque.
39 Les vendanges.
40 Étude pour l'amour.
41 Le printemps.
42 L'été.
43 L'automne.
44 L'hiver.
45 Dessin pour une adresse.
46 Adresse de Mme Merlen.
47 L'égratignure.
48 La caresse.
49 La vierge.

ŒUVRE D'ANTOINE WATTEAU

100 planches in-4°, grand colombier. . . . . net. **85** fr »
Chaque planche se vend séparément . . . . net. **2** fr. »

1 Les grâces au tombeau de Watteau.
2 La Roquette.
3 Le paradis de Watteau.
4 Diane.
5 Apollon.
6 L'innocent badinage.
7 Les plaisirs de la jeunesse.
8 Les oiseleurs.
9 Le repos des pèlerins.
10 Le berger empressé.
11 et 12 L'escarpolette.
13 à 16 Les quatre saisons (en hauteur).
17 à 21 Les cinq paravents.
22 et 23 Le may.
24 Les jardins de Cythère.
25 Le théâtre.
26 Les jardins de Bacchus.
27 L'empereur chinois.
28 Divinité chinoise.
29 à 32 Les quatre éléments.
33 et 34 La partie de chasse.
35 La 6° feuille des paravents.
36 Bacchus.
37 La pélerine altérée.
38 Le charlatan.
39 à 42 Les quatre saisons (en largeur).
43 et 44 La voltigeuse.
45 Le printemps (écran).
46 L'été d°.
47 L'automne d°.
48 L'hiver d°.
49 La tendresse d°.
50 La douceur d°.
51 Le dénicheur de moineaux.
52 Le repos grâcieux.
53 L'amusement.
54 L'heureuse rencontre.
55 Le chasseur content.
56 et 57 La danse bachique.
58 Le présent champêtre.
59 Dessus de clavecin.
60 La favorite de Flore.
61 Neptune.
62 Le galant jardinier.
63 La déclaration.
64 L'enjôleur.
65 Temple de Diane.
66 Le temple de Neptune.
67 et 68 La balanceuse.
69 Plafond.
70 Dessus de clavecin.
71 à 74 Panneaux.
75 Dessus de clavecin.
76 Diane.
76 Apollon.
78 Flore.
79 Bacchus.
80 Thetis.
81 et 82 La vigne.
83 La vue.
84 Le toucher.
85 Le goût.
86 L'ouïe.
87 L'odorat.
88 L'Alliance.
89 et 90 L'escarpolette.
91 à 96 Paravent de F. Boucher.
97 Le réveil de la nature.
98 L'été.
99 L'automne.
100 L'hiver.

LE GRAND BOUCHER

Huit pièces grand in-folio, en couleurs, dans un carton. Tirage à 50 ex. sur Japon impérial.
Au lieu de 200 francs . . . . net. **60** fr. »

Cette suite représente : Les Trois Grâces, du Musée Lacaze. — La Poésie épique. — La Poésie lyrique. — L'Histoire. — L'Astronomie, du Cabinet des Médailles. — Les Portraits de Mesdames Boucher et Baudoin, et enfin l'Éventail du docteur Piogé.
Le tout imprimé en couleurs.

ŒUVRE DE FRANÇOIS BOUCHER

180 planches in-folio, en carton . . . . net. **85** fr. »
Chaque planche séparément . . . . net. **1** fr. »

1 Portrait-médaillon de Boucher.
2 La fleuriste vue de dos.
3 C'est la fille à Simonne.
4 Les baigneuses.
5 et 6 Groupes d'amours.
7 L'autel de l'amitié.
8 Enfants et dauphins (2 sujets).
9 Le temps.
10 Enfants et moutons.
11 Le génie des beaux-arts.
12 Le dessin et la musique.
13 Le feu et l'air.
14 La terre et l'eau.
15 La bergère au cœur.
16 Sept enfants jouant avec des dauphins.
17 à 20 Les quatre saisons (enfants).
21 L'architecture et la sculpture.
22 et 23 Les 4 côtés du coffret de Mme de Pompadour.
24 Groupe de 4 amours.
25 L'amour oiseleur.
26 L'amour moissonneur.
27 L'amour baigneur.
28 L'amour vendangeur.

29 à 37 Groupes d'amours.
38 L'amour pêcheur.
39 Deux groupes d'amours.
40 Médaillon de Mme de Pompadour.
41 La fontaine d'amour.
42 Le duo champêtre.
43 Le sommeil d'Annette.
44 Le réveil d'Annette.
45 à 48 Groupes d'amours.
49 L'astronomie.
50 Amours lançant des fleurs.
51 La valse.
52 Bergères dans diverses positions.
53 à 57 Groupes de femmes et amours.
58 La bergère au puits.
59 à 61 Groupes d'enfants.
63 Deux sujets de pastorales.
64 Le petit chariot et chinoises.
65 Femmes et enfants.
66 Vénus et les amours.
67 Treize têtes d'amours.
68 La vierge aux enfants.
69 La bohémienne.
70 Les délices de l'automne.

71 Les amusements de l'été.
72 Chèvres et moutons.
73 La bergère au panier.
74 Une danseuse.
75 Les charmes du printemps.
76 Les plaisirs de l'hiver.
77 La femme du bûcheron.
78 à 82 Bergers et bergères, villageois et villageoises.
83 La faneuse et sa fille.
84 Les bacchantes.
85 La toilette de Vénus.
86 Bergère dormant.
87 Le gentil fardeau.
88 à 91 Jeunes femmes avec des enfants.
92 La naissance de Jésus.
93 à 95 Bergères et enfants. — La soubrette.
96 Vénus sur un lit de repos.
97 Les heures.
98 La marchande de roses.
99 La maraudeuse de fleurs.
100 La peinture.

25 DESSINS EN COULEURS

D'APRÈS

FRANÇOIS BOUCHER

Reproduits par G.-W. THORNLEY. — Très belles épreuves.

Magnifique album in-folio. Au lieu de 50 fr. . . . . net. **12** fr. »
Avant lettre. Au lieu de 150 fr. . . . . net. **32** fr. »
Avant lettre, sur Chine. Au lieu de 250 fr. . . . . net. **60** fr. »

Nous vendons séparément : Épreuves avant lettre, en sanguine. Chaque planche, format 30 × 40. Au lieu de 5 fr., net. **0** fr. **75** c.

1 Femme nue étendue sur des draperies.
2 Femme nue sortant du bain.
3 Une femme nue tenant les flèches d'un amour assis à ses côtés.
4 Femme nue assise au bord d'un étang.

LE SALON

DE

M. LE Cte DE LA BÉRAUDIÈRE

Cet album spécialement consacré à la décoration se compose de **34 aquarelles** en couleurs *La Toilette de Vénus*, avec son cadre, *deux attributs, trois écrans, un canapé et vingt-quatre motifs pour fauteuils*, d'après les peintures de François BOUCHER.

Cet ouvrage, très bien exécuté, est indispensable à tous ceux qui s'occupent de la décoration des appartements, en donnant un aperçu du goût délicat apporté dans un ameublement du XVIIIe siècle. Ces planches sont la reproduction exacte du salon de M. le comte De La Béraudière, qui a été vendu 650.000 francs à une famille américaine.

Magnifique ouvrage en carton, tiré à 150 exemplaires sur papier bleuté.
Au lieu de 360 francs . . . . net. **95** fr. »

Il a été tiré de cet ouvrage un nombre très restreint d'exemplaires en petit format.
Au lieu de 250 francs . . . . net. **50** fr. »

Lithographies, Études, Affiches.

HENRI MONNIER

VIGNETTES POUR LES CHANSONS DE BÉRANGER

Les types de H. Monnier attestent la vérité de son observation et l'originalité de son talent. Il se plaisait surtout à mimer les scènes populaires que son crayon prenait sur le vif : *la Portière, le Commissionnaire du coin, le Porteur d'eau, le Marchand de marrons ;* ces types qui amusent, décèlent le même esprit d'observation appliqué surtout à l'étude des mœurs intimes et des habitudes triviales.

Ces vignettes en couleurs, très rares et recherchées des amateurs, peuvent orner toutes les éditions de Béranger, format in-12° ou in-8°.

Nous engageons notre clientèle à profiter de suite de ces occasions. Les quelques suites que nous possédons seront rapidement épuisées.

Suite complète de 40 planches, très belles épreuves, 80 francs . . net. **70** fr. »
Suite de 25 planches, 20 francs . . . . net. **17** fr. **50**
Suite de 4 planches, 8 francs . . . . net. **7** fr. »

PAYSAGES, FRUITS, MARINES, FLEURS, ETC.
Superbes planches d'une exécution parfaite en fac-similé d'aquarelles.
TOUS CES SUJETS PEUVENT SERVIR DE MODÈLES POUR ARTISTES

Etudes de fleurs et paysages. 4 ravissantes planches, format 26 × 18. . . . net. **3** fr. **25**
Beauté de femme. 6 études d'après nature, costumes, travestis ; format 24 × 17. . . . . net. **3** fr. **75**
Quatre études de fleurs d'après nature ; format 25 × 19. . . . . net. **3** fr. **75**
Etudes de marine, par DE MARTINO. 6 jolies planches ; format 26 × 18 . . . net. **3** fr. **75**
Fleurs et paysages des Alpes. 4 charmants sujets ; format 24 × 19. . . . . net. **3** fr. **75**
Les Jeunes Ans. 6 figures d'enfants ; format 24 × 17. . . . . net. **3** fr. **75**
Paysages. 4 études ; format 30 × 24. . . . . net. **3** fr. **75**
Rivages. 4 études de paysages ; format 32 × 22. . . . . net. **3** fr. **75**
Fleurs des champs. 4 études d'après nature, par KLEIN ; format 38 × 21, net. **5** fr. »
Oiseaux et **Fleurs.** 4 jolies études d'après nature ; format 38 × 25 . . . net. **6** fr. **50**
Etudes d'amour. 4 sujets, par SCHUBERT ; format 40 × 29. . . . . net. **6** fr. **50**

LA CATHÉDRALE DE REIMS
Magnifique Album format in-folio, titre or,
contenant 20 planches, reproduction des plus beaux motifs d'architecture du monument.
Au lieu de 40 fr. . . . . net **20** fr.
Il nous reste un exemplaire contenant 32 planches. . . . net. **30** fr.

TRÈS BELLES AFFICHES ARTISTIQUES
EN COULEURS

Nous appelons l'attention de notre clientèle sur ces affiches. Aujourd'hui que les collectionneurs sont nombreux, les quelques exemplaires que nous possédons seront rapidement épuisés.

AUZOLLE. **Pneumatique Stella.** 0,80 × 1,25. . . . . net. **1** fr. **75**
CARAN-D'ACHE. **Exposition russe.** 0,90 × 1,40. . . . . net. **1** fr. **75**
DURANTON, lithographe. **Chicorée à la boulangère.** 1,00 × 1,40, net. **1** fr. **75**
GRAY. **Hé ! cocher, chez Michaut.** 1,00 × 1,40. . . . . net. **1** fr. **75**
SÉMANT (P. DE). **La Débâcle.** 2 planches différentes. 1,00 × 1,40. Chaque planche . . . . net. **1** fr. **75**
TINAYRE (LOUIS). **La Marchande des quatre saisons.** 0,80 × 1,20, net. **1** fr. **75**
YRONDY. **Chansons et Monologues d'Aristide Bruant.** 1 planche en 2 feuilles. 1,30 × 1,00. . . . . net. **3** fr. **50**

CARICATURES

PAR

GAVARNI, CHAM, VERNIER

Chaque planche, format 31 × 26, net. . . . . . . **0 fr. 25**

1 Adieu, ma petite.
2 Ah ! tu me reconnais pas aux Champs-Lysées.
3 Ah ! monsieur ne veut pas me rendre de comptes.
4 Allons, Landerneau, vous avez bu.
5 Apparition désagréable du commissaire.
6 As-tu fini !
7 Balochard.
8 Belle-mère, vous me reprenez votre fille... je vous bénis.
9 Ça m'embête de tâter la poche au monde.
10 Combien ça te coûte-t-il un habit comme ça ?
11 Comment, Lili ne reconnaît pas son Nini ?
12 Comment qu'un jury saurait-il le mal qu'on a dans nos états.
13 Comment, y avait gras et rien qu'un mur de rien.
14 Désolé ! je me trouve sans argent.
15 Deux costumes anciens, mais également mal portés.
16 Dites donc madame la Loi (Loi sur la presse).
17 Donnant, donnant.
18 Eh ben ! Landerneau, ça ne va donc pas mieux ?
19 Eh mon Dieu ! d'où venez-vous ? monsieur le comte.
20 Encore un mécompte.
21 En temps de Révolution.
22 Entre onze heures et minuit.
23 Est-ce que ça ne te flatte pas, Galimard, de traîner la gloire de ton épouse ?
24 Exposition de sculpture de 1849.
25 Faut-il être dindon, pour croire de pareils canards.
26 Fête funéraire en honneur de feu le suffrage universel.
27 Feu mon père et feu ma mère, ça été le menuet.
28 Figaro trouvera toujours du bois vert.
29 La Guerre des femmes.
30 Gueule pas !... j'cogne.
31 Ils ont eu des mots.
32 Impressions de ménage.
33 Il ne m'ôterait pas seulement mon chapeau.
34 Inspection sévère au contrôle.
35 Intervention.
36 Je lui dois mille écus.
37 Je vous dis que vous avez dansé d'une façon...
38 Laisse-le donc, c' pauv' petit.
39 La nouvelle Loi sur la presse.
40 La Pistole.

41 La Presse ou la nouvelle Pénélope.
42 Le jeu de dominos (je boude).
43 — — (double-six).
44 Le jour de départ d'une garnison.
45 Le mari agricole.
46 Le mari de la bonne.
47 Le mari comédien.
48 Les médaillons à la mode.
49 Le représentant en vacances.
50 Le songe d'une nuit d'été.
51 Les voitures à Paris.
52 Lord Palmerston faisant la traite avec le roi de Danemark
53 Ma chère, je l'aime !
54 Malheureuse enfant, qu'as-tu fait de ton sexe ?
55 Mon aimée, qu'as-tu ?
56 Mon poisson rouge qui est mort.
57 Monsieur Floumann.
58 Monsieur le Maire, le toit de l'école est délabré.
59 Nous en avons fini avec tous ces polissons d'électeurs.
60 Paméla, tu me dois l'existence.
61 Pour plaire aux lions, Frisette quitte son loup.
62 Prête-moi donc la plume de ton chapeau de paille d'Italie.
63 P'tit débardeur, tu me plais.
64 Quand on dit qu'on a une femme, ça veut dire qu'une femme vous a.
65 Quand tu éprouveras le besoin d'être fichu à la porte.
66 Qu'est-ce que vous prendriez bien avec ça ?
67 Qu'est-ce que t'as, mon vieux Auguste.
68 Renouvelé de La Fontaine.
69 Sangle fort, John, sangle fort.
70 Si tu ne tais pas ton bec, nous aurons des mots.
71 Socialiste et Aristo.
72 Tiens, qu'est-ce que j'aperçois ?...
73 Toi, Beauminet, tu es hypocrite.
74 Trop longtemps entortillé par le Charivari, Véron l'entortille à son tour.
75 Un agent du gouvernement dans l'exercice de ses fonctions.
76 Un Çovage civilizé.
77 Une éducation difficile.
78 Une métamorphose.
79 Un portrait charmant.

ŒUVRES DE GAVARNI

Suites pouvant orner les ouvrages ci-dessous désignés :

Gil Blas de Santillane. Collection de 20 planches, format 32 × 45.

Au lieu de 30 fr., net. . . . . **8 fr.**

Les Mille et Une Nuits. Recueil de 20 planches, 32 × 45.

Au lieu de 30 fr., net. . . . . **8 fr.**

Robinson Crusoé. 16 charmantes planches, format 32 × 45.

Au lieu de 24 fr., net. . . . . **6 fr.**

Voyages de Gulliver. Jolie suite composée de 16 planches, format 32 × 45.

Au lieu de 24 fr., net. . . . . **6 fr**

Lithographies, Uniformes militaires.

GAVARNI

TRÈS BELLES ÉPREUVES SUR ACIER

Chaque planche, format 27 × 28. Au lieu de 1 fr. 50, net. . . . . **0 fr. 50**

Dame du grand monde.	Marchande de bouquets.	Un Monsieur.
Marchande de la Halle.	Marchande de coco.	La Symphonie.
Marchande à la toilette.	Marchande de pommes.	

TRÈS BELLES PLANCHES

DE

GUSTAVE DORÉ

Chaque épreuve, format 33 × 45, au lieu de 2 fr., net. . . . . . **0 fr. 35**

1 Bal de la Mi-Carême.	16 La messe des morts, à Saint-Jean-de-Luz.
2 Chasse à l'ours.	17 Le calvaire.
3 Chasseurs tyroliens à l'affût du chevreuil.	18 Le Christ bafoué.
4 Chef des insurgés de Delhi.	19 Le méuétrier.
5 Cosaques baskirs poursuivis par des loups.	20 Le serpent dénicheur.
6 Danse religieuse des nègres (culte à la lune).	21 Les cadeaux de l'Enfant Jésus.
7 Départ des conscrits.	22 Les chiens du Mont-Saint-Bernard.
8 Escalier de l'Opéra à la Mi-Carême.	23 Les dénicheurs d'aigles.
9 Fakirs.	24 Les joujoux de Noël.
10 Fils aîné du roi de Delhi.	25 Les Schelters en Alsace.
11 Infanterie de Madras et cavalerie de Calcutta.	26 Marche d'un rajah.
12 La gelée.	27 Massacre des Anglais par les Indous révoltés.
13 La glace rompue.	28 Paysans lapons poursuivis par des loups.
14 La glissade.	29 Soldats sikks.
15 La messe de minuit, en Alsace.	30 Troupes anglaises se rendant à Delhi.

ALBUMS D'UNIFORMES MILITAIRES

Marine allemande et troupes coloniales. 52 types en couleurs, texte allemand. . . . . net.	**1 fr. 90**	
Allemagne. 279 types en couleurs. . . . . net.	**1 fr. 90**	
— Uniformes et drapeaux, 25 planches coloriées. . . . . net.	**2 fr. 50**	
— Signes distinctifs des grades, 23 planches coloriées, texte allemand. . . . . net.	**1 fr. 90**	
Angleterre. 17 planches coloriées, texte allemand . . . . net.	**3 fr. 15**	
Autriche-Hongrie. 20 types en couleurs. . . . . net.	**2 fr. 50**	
Etats-Unis. 19 planches coloriées, texte allemand. . . . . net.	**5 fr. »**	
France. 17 planches coloriées, texte allemand . . . . net.	**3 fr. 15**	
Japon. 13 planches coloriés, texte allemand. . . . . net.	**3 fr. 15**	
Italie. 17 planches coloriées, texte allemand. . . . . net.	**3 fr. 15**	
Roumanie. 16 planches coloriées, texte allemand. . . . . net.	**3 fr. 15**	
Russie. 264 planches en chromolithographie, avec texte . . . . net.	**3 fr. 15**	
L'Armée allemande. Album de 40 planches en couleurs . . . . net.	**3 fr. 75**	
Soldats de tous les États de l'Europe. 15 planches en couleurs, net.	**3 fr. 75**	

KNOETEL. — **Uniformenkunde,** tomes I et II. Chaque vol. in-4°, cart., planches en couleurs. . . . . net. **22 fr. 50**

— — Tomes III, IV, V, VI. Chaque vol. in-4°, cart. . . net. **26 fr. 25**

Le tome VII est en cours de publication.

GALERIES HISTORIQUES DE VERSAILLES

Cette magnifique collection, publiée par CHARLES GAVARD, est la reproduction de tous les tableaux du Musée de Versailles ; elle comprend environ 2.300 grandes planches : Batailles, Portraits, Cérémonies, Sculptures, Peintures, Meubles et Ornements, qui décorent le palais ainsi que les extérieurs et les jardins.

L'ouvrage complet forme 19 volumes grand in-folio, texte et planches en feuilles non brochés et réunis en carton-portefeuille, titre or sur chaque volume.

Au lieu de 3.600 fr., net. . . . **1.000** fr.

Il nous reste un seul exemplaire du même ouvrage, gravures avant lalettre.

Au lieu de 6.000 fr., net. . . . **2.000** fr.

Le même ouvrage, format petit in-folio, 14 volumes en carton.

Au lieu de 1.500 fr., net. . . . . **360** fr.

Nous vendons séparément chaque planche, net.　O fr. 75
Il nous reste quelques épreuves avant lettre, net.　4 fr. »

Vue du château du côté de l'avenue de Paris.
Vue générale du château.
Grande Cour et avant-Cour, grandes et petites Écuries
Vue du château de *Clagny*.
Vue des Etangs de la butte Montbauron.
Jardin de Versailles (parterre du Nord).
Bassin de Neptune et partie nord du Château.
Bassin d'Apollon et le canal.
Bosquet de l'Etoile ou Montagne d'Eau.
Bassin du Dragon.
L'Obélisque (salle des Antiques).
L'Ile royale ou d'Amour.
Salle des Antiques.
Fontaine de l'Obélisque.

Basin de Neptune.
Bosquet des trois Fontaines.
Bosquet de la salle de Bal.
Fontaine de L'Encelade.
Le Labyrinthe : le Renard et la Grue ; le Duc et les Oiseaux.
Parterre du Nord.
Bassin de Neptune.
Le grand Trianon.
Versailles en 1722.
Versailles en 1667.
Château de Versailles en 1668.
Vue générale (côté du Parc), 1843.
Orangerie et Pièce d'eau des Suisses.

EXTÉRIEUR ET INTÉRIEURS

Ces planches sont très précieuses et remarquables de finessse et d'exactitude.
(Il n'existe pas autre chose pour les intérieurs de château.)

Vestibule de la Chapelle.
La Chapelle.
Galerie des Statues.
— de Sculpture.
Salle des Croisades.
Escalier des Ambassadeurs.
Le Théâtre.
Salle de Constantine.
Salon d'Hercule.
La Bibliothèque.
Salle du Méridien.
Chambre à coucher de Louis XV.
Cabinet de Louis XVI (Salon des Bijoux).
Galerie de Louis XIV.
Salle du Conseil.
Chambre à coucher de Louis XIV.

OEil-de-Bœuf.
Salle des Gardes du Corps de la Reine.
— du Sacre.
— de 1792.
— de Marengo.
Galerie des Batailles (Ensemble).
— (Partie centrale).
Salle de 1830.
Vestibule du Pavillon de Monsieur.
Salle des résidences Royales.
Escalier de la Reine.
— de marbre.
Petits appartements de la Reine : le Boudoir, le Salon, Salle des Bains, Cabinet de la salle des Bains.
Galerie de l'Empire.
Galerie de Louis XIII.

PLAFONDS ET DESSUS DE PORTES

Plafond de la Chapelle.
— du Salon de la Reine.
— — d'Apollon.
— de la Salle des Etats Généraux.
— de la Chambre à coucher de la Reine.
— du Salon de la Guerre.
— — de l'Abondance.

— — d'Hercule.
— de la Salle de 1830.
— de la Chambre de Louis XIV.
Louis XV présente la paix à la France.
Dessus de porte de la Salle à Manger.
— de la Chambre à coucher de la Reine.
— de la Salle du Sacre.

Chaque planche, net.　O fr. 75

Musée de Versailles.

LES MOIS DE L'ANNÉE

Janvier. . . . . Le Louvre. . . . . Représentation d'un opéra.
Février. . . . . Palais des Tuileries. . . . . Ballet dansé par le Roi
Mars. . . . . Château de Madrid. . . . . Le Roi à la chasse du Cerf.
Avril. . . . . — de Versailles. . . . . Une Promenade du Roi.
Mai. . . . . — de Saint-Germain. . . . . . Le Roi à la promenade.
Juin. . . . . — de Fontainebleau. . . . . . Le Roi à la chasse.
Juillet. . . . . — de Vincennes. . . . . Une Chasse du Roi.
Août. . . . . — de Marimont. . . . . Le Roi à la chasse du Loup.
Septembre. . . . . . — de Chambord. . . . . Une Marche du Roi.
Novembre . . . . . . — de Blois. . . . . Une Marche du Roi.

PARIS ET CHATEAUX ROYAUX DE 1635 A 1724

Louvre, grande et petite Galerie.
Tour de Nesle.
Colonnade du Louvre.
Port et Porte Saint-Bernard.
Tour de l'Horloge du Palais.
Château de Vincennes, Vue du côté du Parc.
— de Saint-Cloud.
— de Fontainebleau.
— de Chambord.
— de Meudon.
— de Marly.

Château de Madrid.
— de Pau.
— de Randan.
— d'Eu.
— de Saint-Cloud.
— de Compiègne.
— de Saint-Hubert.
Machine et aqueduc de Marly.
Plan général de Versailles, du Parc, du grand et du petit Trianon.

BATAILLES, MARINES, CÉRÉMONIES, SUJETS DIVERS

RÈGNE DE CLOVIS A LOUIS-PHILIPPE

Bataille de Tolbiac.
Assemblée tenue à Bonneuil.
Clotaire II.
Bataille de Tours.
Charlemagne dicte des capitulaires.
— reçoit la soumission de Witikind.
Bataille de Fontenay-en-Auxerrois.
Combat de Brissarthe, mort de Robert le Fort.
Eudes, comte de Paris, fait le siège de Paris.
Levée du siège de Salerne.
Bataille de Civitella.
Combat de Céramo
Henri de Bourgogne reçoit l'investiture du Portugal.
Bataille sous les murs de Nice.
Baudouin s'empare de la ville d'Edesse.
Prise d'Abbare.
Prise de Mara.
Prise d'Antioche.
Bataille sous les murs d'Antioche.
Combat d'Harenc.
Godefroy de Bouillon élu roi de Jérusalem.
— suspend aux voûtes du St-Sépulcre les trophées d'Ascalon.
Taucrède prend possession de Bethléem.
Prise de Jérusalem.
Bataille d'Ascalon.
Godefroy tient les premières assises du royaume de Jérusalem.
Prise de Tripoli.
Funérailles de Godefroy de Bouillon.
Institution de l'ordre de Saint-Jean de Jérusalem.
Prise de Tyr par les Croisés.
Raymond Dupuy fait prisonnier un corps de Turcs.
Eugène III reçoit les ambassadeurs du roi de Jérusalem.
Prédication de la deuxième croisade à Vezelay.
Louis XII va prendre l'oriflamme à Saint-Denis.
Prise de Lisbonne par les Croisés.
Louis VII force le passage de Méandre.
Louis VII se défend contre plusieurs Sarrasins.
Louis VII et Baudouin III délibèrent à Ptolémaïs sur la guerre sainte.
Prise d'Ascalon par le roi Baudouin III.
Bataille de Putna.
Entrevue de Philippe-Auguste avec Henri II à Gisors.
Philippe-Auguste prend l'oriflamme à Saint-Denis.
Siège de Ptolémaïs.
Bataille d'Arsur.

Ptolémaïs remise à Philippe-Auguste.
Marguerite de France, sœur de Philippe-Auguste, mène les Hongrois à la croisade.
Geoffroi de Villehardouin demande à Venise des vaisseaux pour transporter les croisés en Palestine.
Prise de Constantinople par les Croisés.
Baudouin, comte de Flandre, couronné empereur.
André de Hongrie s'associe à l'ordre de Saint-Jean de Jérusalem.
Bataille de Bouvines.
Prise de Damiette par les Croisés.
Bataille de Taillebourg.
Gaucher de Châtillon défend seul l'entrée d'une rue de Munich.
Saint-Louis médiateur entre le roi d'Angleterre et ses barons.
Mort de Saint-Louis devant Tunis.
Guillaume de Clermont défend Ptolémaïs.
Saint-Louis reçoit à Ptolémaïs les envoyés du vieux de la Montagne.
Bataille de Mons-en-Puelle.
Prise de Rhodes par les chevaliers de Saint-Jean.
Bataille navale gagnée par les chevaliers de Saint-Jean, prise de l'île d'Épiscopia sur les Turcs ottomans.
Etats généraux de Paris.
Bataille de Cassel.
Etats généraux de Compiègne (Jean II).
Prise du château de Smyrne par les chevaliers d'ordre.
Le chevalier de Saint-Jean établit sa religion.
Bataille de Cocherelle.
Les flottes française et castillane se rendent maîtresses de l'île de Wight.
Fondation de la Bibliothèque.
Prise de Châteauneuf de Randon et mort de Duguesclin.
Jacques Molay prend Jérusalem.
Le maréchal de Boucicaut fait le siège de Constantinople.
Jeanne d'Arc présentée à Charles VII.
Levée du siège d'Orléans.
Prise de Jargeau.
Sacre de Charles VII à Reims.
Entrée de l'armée française à Paris.
Bataille de Bratelaine ou de Saint-Jacques.
Entrée des Français à Bordeaux.
Bataille de Castillon.
Défense de Beauvais.
Levée du siège de Rhodes.
Entrée de Charles VIII à Naples.

Chaque planche . . . . net. **0 fr. 75**

Musée de Versailles.

Mariage de Charles VIII et d'Anne de Bretagne.
Entrée de Charles VIII dans Acquapendent.
Bataille de Seminara.
Bataille de Fornoue.
Clémence de Louis XII.
Bayard sur le pont de Garigliano.
Louis XII aux États-Généraux de Tours.
Bataille d'Agnadelle.
Prise de Brescia par Gaston de Foix.
Bataille de Ravennes.
Victoire des Français sur la flotte anglaise devant Brest.
Chapitre général de l'ordre de Saint-Jean à Rhodes.
Bataille de Marignan.
François Ier la nuit de la bataille de Marignan.
Mort de Léonard de Vinci.
Entrevue du camp du drap d'or.
André Doria, amiral de François Ier, disperse la flotte
    espagnole.
Entrée de l'ordre des Chevaliers de Saint-Jean à Viterbe.
Achylle de Harley pendant la journée des barricades.
L'ordre de Saint-Jean prend possession de l'île de Malte.
Jacques Cartier avec trois bâtiments remonte le fleuve
    Saint-Laurent qu'il vient de découvrir.
Bataille de Cerisoles.
Combat de Ranty, Henri II donne le collier de son
    ordre au maréchal de Tavannes.
François Ier confie sa personne aux habitants de la
    Rochelle.
D'Espigneville de Harfleur brûle une flotte hollandaise
    sur les côtes d'Angleterre.
États-Généraux de Paris.
Prise de Calais par les ducs de Guise.
Prise de Thionville.
Levée du siège de Malte.
Institution de l'ordre du Saint-Esprit.
Entrée de Henri IV à Paris.
Bataille d'Ivry.
Henri IV présentant Crillon à sa cour.
Henri IV reçoit des chevaliers de l'ordre du St-Esprit.
Combat de Fontaine Française.
Assemblée des Notables à Rouen.
Prise du fort de Montmelian.
Signature du traité de paix de Vervins.
Les plans du Louvre déployés devant Henri IV.
Etats-Généraux de Paris.
Fondation de la colonie de Saint-Christophe et de la
    Martinique.
Levée du siège de l'île de Ré.
Prise de la Rochelle.
Prise de Pignerolles.
Combat de Vettane.
Bataille d'Avein.
Combat naval de Saint-Vincent.
Lourdis, archevêque de Bordeaux, chasse les Espagnols
    du port de Roses.
Combat naval devant Tarragon.
Bataille de Lérida.
Mort de Louis XIII.
Pierre le Grand s'empare d'un galion espagnol.
Bataille de Rocroy.
Siège de Trino dans le Montferrat.
Christine, reine de Suède, écoutant une démonstration.
Bataille de Fribourg.
    — de Florens.
Siège de Dunkerque.
Bataille de Lens.
Mathieu Molé aux barricades.
Bataille de Rocroy.
Sacre de Louis XIV à Reims.
Fac-similé du Sacre.
Louis XIV reçoit chevalier du Saint-Esprit, son frère
    Monsieur.
Combat naval de Barcelonne.
    — d'un vaisseau français contre quatre vaisseaux
    anglais.
Bataille des Dunes.
Le roi entre à Dunkerque.
Prise de Gravelines.
Arrivée d'Anne d'Autriche et de Philippe IV dans l'île
    des Faisans

Entrevue de Louis XIV et de Philippe IV dans l'île des
    Faisans.
Mariage de Louis XIV et de Marie-Thérèse d'Autriche.
Les clefs de Marsal remises au roi.
Renouvellement d'alliance entre la France et la Suisse.
Combat naval de la Goulette.
Réparation faite au roi, au nom du pape Alexandre VII,
    par le cardinal Chigi.
Fondation de l'Observatoire.
L'armée du roi campée devant Tournay.
Siège de Tournay.
    — de Douay.
    — de Lille.
    — d'Oudenarde.
Entrée de Louis XIV et de la reine Marie-Thérèse à
    Arras.
    —   —   —   à Douai.
Combat près du canal de Bruges.
    — naval entre Nevis et Redonde.
Baptême de Louis de France, dauphin, fils de
    Louis XIV.
Le roi Louis XIV visite les manufactures des Gobelins.
Combat naval de la Sole bay.
Prise d'Orsoy.
Siège de Rhimberg.
Prise de Piées.
    — de Santen.
    — de Ninègue.
    — de Naerden.
Passage du Rhin.
Combat naval du Texel.
Siège de Maëstricht.
Prise de Gray (Franche-Comté).
Combat de Zintzheim.
Prise du fort de Joux.
Bataille de Senef.
    — de la Martinique, Ruyter est repoussé.
Établissement de l'hôtel des Invalides.
Siège de Maëstricht.
Prise de Dinan.
Siège et prise de Limbourg.
Mort de Turenne.
Prise d'Augusta en Sicile.
Combat naval d'Augusta en Sicile.
Prise de Condé.
Combat naval en vue de Stromboli.
Bataille navale devant Palerme.
Prise de la ville d'Aire.
Siège de Valenciennes.
Valenciennes prise d'assaut par le roi.
Reddition de la citadelle de Cambrai.
Bataille de Cassel.
Prise de Cambrai.
Siège de Fribourg.
Prise d'Ypres.
    — de Leuw.
Combat de Chio.
Louis de France, duc de Bourgogne, présente au roi.
Bombardement d'Alger par Duquesne.
    —   de Gênes.
Siège de Luxembourg.
Prise de Luxembourg.
Combat d'un vaisseau français contre 35 galères d'Es-
    pagne.
La Salle découvre la Louisiane.
Réparation faite au roi par le doge de Gênes.
Bombardement de Tripoli.
    —   d'Alger.
Prise de Philipsbourg.
Combat naval de la Baie de Bantry.
Bataille navale de Bezeners.
Institution de l'ordre militaire de Saint-Louis.
Combat naval de Cadix.
Expédition de Malaga.
    — de Coetlogon à Gibraltar.
Bataille de Nervinde.
    — de Marsaille.
Combat naval du Texel.
Abordage d'un vaisseau hollandais par Jean Bart.
Combat dans la mer du Nord.

Chaque planche . . . . net. 0 fr. 75

Musée de Versailles.

Prise de 3 vaisseaux anglais par M. de Mesmond.
Mariage de Louis de France et de Marie-Adelaïde de Savoie.
Philippe de France, duc d'Anjou, déclaré roi d'Espagne (fac-simile).
Prise d'un vaisseau hollandais par les galères de France à la hauteur d'Ostende.
Prise de 15 vaisseaux hollandais par 9 vaisseaux français.
M. de Coetlogon prend 4 vaisseaux hollandais et en coule à fond un cinquième à la hauteur de Lisbonne.
Combat du chevalier de Saint-Pol contre une escadre hollandaise à la hauteur d'Albardiu.
Prise de Brisach.
Bataille navale de Malaga.
Combat naval livré aux Anglais ; mort du chevalier Saint-Pol.
Bataille de Cassano.
Combat naval livré par Des Augé contre les Hollandais.
    — dans la mer du Nord.
Bataille d'Almanza.
Combat dans la Manche.
Prise de Lerida.
Combat du cap Lezard.
Bataille de Villaviciosa.
Prise de 7 vaisseaux anglais et hollandais par M. de l'Aigle.
Prise de Rio-de-Janeiro.
Camp de l'armée française entre Saint-Sébastien et Fonturabi, quartier du Prince de Conti.
Prise de Philipsbourg.
Prise de Prague.
Bataille de Coni.
Entrée de Louis XV à Strasbourg.
Bombardement de Fribourg.
Siège de Tournay, le roi visite le camp.
Bataille de Fontenoy.
Siège d'Ath.
Bataille de Lawfeld.
Siège de la ville de Berg-op-Zoom.
Combat du vaisseau l'« Intrépide » contre plusieurs vaisseaux anglais.
Siège de Maestricht.
Siège et prise du port St-Philippe (Port-Mahon).
Prise de Port-Mahon.
Bataille d'Hastembeck.
Bataille de Lutzelberg.
Bataille de Johannisberg.
Combat de la frégate française la « Belle Poule » contre la frégate anglaise l' « Arethuse ».
Combat naval d'Ouessant.
    — de la frégate française la « Concorde » contre la frégate anglaise la « Minerve ».
Combat du vaisseau français le « Triton » contre le vaisseau anglais le « Jupiter ».
Combat de la frégate française la « Minerve » contre deux vaisseaux anglais et deux frégates anglaises.
Combat naval de l'ile de la Grenade.
Combat de la frégate française la « Surveillante » contre la frégate anglaise le « Québec ».
Combat naval d'une division française contre une escadre anglaise.
Combat naval en vue de la Dominique.
    — naval de la Praya.
Siège d'York-Town, investissement de la place.
    —   — le général Rochambeau et Wasington donnent les derniers ordres pour l'attaque.
Combat naval en vue de Nagapatnam.
    — entre les frégates françaises la « Nymphe » et l' « Amphytrile » contre le vaisseau anglais l' « Argo ».
Combat naval en vue de Gondelour.
Publication du traité de paix de Versailles entre la France et l'Angleterre.
Louis XVI distribue des secours aux pauvres.
Procession des États généraux (2 feuilles).
Ouverture des États généraux à Versailles (fac-simile).
Fête de la Fédération.
La Garde nationale part pour l'armée.
Bataille de Valmy.
Prise de Villefranche, invasion du comté de Nice.

Levée du siège de Lille.
Levée du siège de Thionville.
Reprise de Longwy.
Prise de Francfort-sur-le-Mein.
Combat du Boussu.
Bataille de Jemmapes.
Siège de Namur.
Siège et prise des châteaux de Namur.
Prise de Bréda.
Prise de Gertruydenberg
Combat de Tarlemou et de Goyzenhoven.
Prise du camp de Pérulle.
Combat du Mas de Roz.
Bataille de Hondschoote.
Bataille des Peyrestortes.
Siège de Toulon, investissement de la place.
Combat de Gillette.
Prise de Menein.
Combat de Werthes.
Combat de Monteillac.
Combat d'Harlong.
Combat de Mancron.
Prise du camp de Boulou.
Combat de Turcoing.
    — de Marchiennes.
Prise d'Ypres.
Combat de la Croix-des-Bouquets.
Prise de Charleroi.
Bataille de Fleurus.
Prise d'Anvers.
Combat d'Aldenhoven, prise de Juliers.
Prise de Maëstricht.
Attaque des lignes de l'armée espagnole, bataille de la Muga.
Prise de l'ile de Bommel.
Prise de Luxembourg.
Passage du Rhin à Dusseldorff.
Combat de Sucarello.
Prise de Loano.
Le général Bonaparte reçoit à Millesimo les drapeaux enlevés à l'ennemi.
Arrivée de l'armée française à Albenga
Vue de la ville de Savonne au moment de l'entrée de l'armée française
Combat de Voltri.
Bataille de Monterrotte.
Entrée de l'armée française à Carcare.
Prise du château de Cossaria.
Prise des hauteurs de Monte-Zemolo.
Prise de Dégo.
Prise des hauteurs de Saint-Michel.
Bataille de Mondovi.
Bombardement et prise de Fossano.
Entrée de l'armée française à Alba Pompeia.
    —   — à Coni.
Bataille de Lodi, passage de l'Assa.
Prise de Bignasco.
Bataille d'Altenkirchen.
Passage du Rhin à Kehl.
Combat de Salo.
Bataille de Castiglione.
Prise du château de la Pietra.
Combat du pont de Lavis.
Prise du village de Primolano.
Siège de Mantoue, investissement de la place.
Passage de la Brenta, et prise du fort de Covelo.
Le général Bonaparte au pont d'Arcole
Bataille de Rivoli, défense de l'armée française
Bataille de Rivoli.
Combat dans le défilé de la Madona della Corona.
Combat d'Angiari.
Bataille de la Favorite, environs de Mantoue.
La garnison de Mantoue met bas les armes devant Serrurier.
Prise d'Ancône.
Combat dans les gorges du Tyrol.
Campagne de l'armée française en Italie sous les ordres de Bonaparte.
Préliminaires de la paix signée à Leoben.
Bataille de Newfield.

Chaque planche . . . . net. 0 fr. 75

Musée de Versailles.

Mort du général Marceau
Débarquement de l'armée française en Egypte.
Bataille des Pyramides,
Révolte du Caire.
Le général Bonaparte, commandant en chef l'armée d'Égypte, fait grâce aux révoltés du Caire.
Combat de la frégate française « la Bayonnaise » contre la frégate anglaise « l'Ambuscade ».
Halte de l'armée française à Sienne (Haute-Égypte).
Combat d'Amboumana (Haute-Égypte).
Le général Bonaparte visite les Pestiférés de Jaffa.
Combat de Nazareth.
Bataille du Mont Thabor.
    — d'Aboukir.
    — de Zurich.
    — de Zurich.

Passage de Limath.
    — de la linth à Bitter.
Combat du pont de Nœffels.
    — de Wesen.
Position et combat de Glaris.
Débarquement en France du général Bonaparte à son retour d'Egypte.
Le dix-huit brumaire.
Prise des hauteurs à l'est de Gênes.
    —   — au nord de Gênes.
Combat de Stockach (duché de Bade).
Bataille d'Héliopolis (Basse-Égypte).
L'armée française, au bourg de Saint-Pierre, traverse le grand Saint-Bernard.
Bonaparte, premier consul, passant les Alpes.
Le premier consul visite l'hôpital du mont Saint-Bernard.
L'armée française descend le mont Saint-Bernard.
Marche de l'armée pour entrer dans la vallée d'Aoste.
L'armée traverse le défilé d'Albarech.
Passage de l'artillerie française sous le fort de Bard.
Prise de la ville et de la citadelle d'Ivrée.
Défense de Gênes, bombardement par les Anglais.
Combat du pont de la Chiusella.
Passage de la Chiusella.
Vue de Verceille.
Vue des hauteurs de Varalo.
Bombardement et prise du fort de Bard.
Prise du pont de Leccho.
Bataille de Montebello, 2e attaque, passage du Capo.
Prise de Castelleto.
Bataille de Marengo.
Convention après la bataille de Marengo.
Marche de l'armée française en Italie.
Fac-similé   —   —
Bataille d'Hochstest.
Reprise de Gênes.
Bataille de Hohenlinden.
    — du Mincio. Bataille de Pozzolo.
Combat naval dans la baie d'Algérisas.
    —   — devant Cadix.
    —   — devant Boulogne d'une partie de la flottille française contre la flotte anglaise.
La consulta de la République cisalpine décerne la présidence au premier consul Bonaparte.
Entrée de Bonaparte à Anvers.
Napoléon reçoit à Saint-Cloud le sénatus-consulte qui le proclame empereur des Français.
Napoléon aux Invalides distribue les croix.
Camp de Boulogne.
Vue du port de Boulogne.
Sacre de Napoléon et de l'impératrice Joséphine.
Fac-similé.
Napoléon reçoit au Louvre les députés de l'armée.
    — donne des aigles à l'armée.
Prise du rocher le Diamant.
L'armée française passe le Rhin à Strasbourg.
Napoléon reçu à Eitlinchen par le prince électeur de Bade.
Napoléon reçu au château de Louisbourg par le duc de Wurtemberg.
Combat de Wertingen.
Entrée des français à Munich.

Combat de Wertingen.
    — d'Afcha, près Augsbourg.
    — de Langsberg.
Capitulation de Memmingen.
Combat d'Elchingen.
Capitulation de la division autrichienne du général Werneck à Nordlingen.
Reddition d'Ulm.
Vue de la ville d'Augsbourg.
Vue de la ville de Lintz.
Passage de la Fraan à Lambach.
Combat de Steyer.
L'armée française marchant sur Vienne.
Combat d'Amstetten.
Le maréchal Ney remet aux soldats du 76e régiment de ligne leurs drapeaux retrouvés à Inspruck.
Combat de Darnstein.
Passage du Danube près de Vienne.
Napoléon reçoit les clefs de la ville de Vienne.
Combat de Darnstein.
Bataille d'Austerlitz.
Bivouac de l'armée française la veille au soir d'Austerlitz.
Napoléon donnant l'ordre avant la bataille d'Austerlitz.
Bataille d'Austerlitz.
Entrevue de Napoléon et de François II après Austerlitz.
Le 1er bataillon du 4e régiment de ligne remet à l'empereur deux étendards pris sur l'ennemi à Austerlitz.
Combat de la frégate française la « Canonnière » contre le vaisseau anglais « Tremendous ».
Entrevue de Napoléon et du Grand-Duc dans les jardins du palais à Wurtzbourg.
Combat de Saalfeld.
Bataille d'Iéna gagnée par l'empereur Napoléon.
Reddition d'Erfurth.
Entrée de l'armée française à Leipzig.
Napoléon au tombeau du grand Frédéric.
Capitulation de Prentzlow.
    — de Magdebourg.
Napoléon reçoit au palais Royal de Berlin les députés.
Reddition de Glogau.
Passage de la Vistule à Thorn.
Combat d'Eylau, attaque du cimetière.
Bataille d'Eylau.
Bivouac d'Osterode.
Prise de Dirschau.
Napoléon à Osterode accorde des grâces aux habitants.
Siège de Dantzick.
    — investissement de la place.
Napoléon reçoit à Feinkeinsten l'ambassadeur de Perse.
Entrée de l'armée française à Dantzick.
Combat d'Heisberg.
Bataille de Friedland.
Prise de Kœnigsberg.
Hôpital militaire des Français et des Russes à Mariembourg.
Siège de Grandeutz.
Napoléon reçoit la reine de Prusse à Tilsitt.
Alexandre présente à Napoléon les Cosaques baskirs.
Prise de Stralsund.
Entrée de la garde impériale à Paris après la campagne de Prusse.
Combat livré sur la côte de l'île de Groix par la frégate française la « Sirène ».
Combat de Somo-Sierra (Espagne).
Napoléon prescrit au députés de Madrid de lui apporter la soumission du peuple.
Capitulation de Madrid.
Napoléon à Astorga.
Combat de la Corogne.
    — livré devant la Corogne par l'armée française sous les ordres du maréchal duc de Dalmatie.
Bataille d'Oporto.
Fin de la bataille d'Oporto.
Combat de Tann (Bavière).
Napoléon arrange les troupes bavaroises à Abensberg.
Bataille d'Eckmuhl.
Combat et prise de Ratisbonne.
Combat d'Ebersberg.

Chaque planche . . . . **net. 0 fr. 75**

Musée de Versailles.

Bivouac de Napoléon près du château d'Ebersberg.
Attaque de Vienne.
Passage du Tagliamento.
Vue de l'Escaut avec la disposition des forces françaises et anglaises.
Bataille d'Essling.
Combat de Mautern en Styrie.
Bataille de Raab.
Bivouac de Napoléon sur le champ de bataille de Wagram.
Bataille de Wagram.
Combat d'Hollabrunn.
— de Znaïm.
— de la frégate la « Vénus » contre le « Ceylan ».
Bataille d'Ocana.
Arrivée de Marie-Louise à Compiègne.
Mariage de Napoléon et de Marie-Louise
Napoléon et Marie-Louise visitent « l'escadre » mouillée dans l'Escaut, devant Anvers.
Le « Friedland », de 80 canons lancé dans le port d'Anvers.
Combat du Grand Port (Ile de France).
Reddition de Tortose.
Prise de Taragone.
Combat naval en vue de l'Ile d'Aix.
Bataille de la Moskowa.
— — 1re feuille.
— — 2e —
— — 3e —
— — 4e —
Mort de Caulaincourt à la Moskowa.
Défense du château de Burgos.
Combat de Krasnœ.
— naval en vue des îles de Loz.
— de Lutzen.
Bataille de Wurtchen.
— de Wachau.
— de Hanau.
Combat de Champaubert.
Bataille de Montmirail.
— de Montereau.
Napoléon au pont d'Arcis-sur-Aube.
Combat de Claye.
Adieux de Napoléon à la garde impériale à Fontainebleau.
Vue de la place de Porto-Congone du côté de la mer.
Louis XVIII aux Tuileries.
Napoléon s'embarque pour revenir en France.
Louis XVIII quitte le palais des Tuileries.
Sépulcre de Napoléon à Sainte-Hélène.
Attaque et prise du fort de l'Ile Verte.
Prise du Trocadéro.
— du fort Santi-Petri.
Bombardement de Cadix par l'escadre française.
Combat de Puerto Miravete.
Entrée du roi Charles X à Paris.
Sacre de Charles X.
Fac-similé.
Bataille de Navarin.
Mort de Bisson.
Entrevue du général Maison et d'Ibraïm-Pacha.
Prise de Patras.
— de Coron.
— du château de la Morée.
Débarquement de l'armée française à Sidi-Ferruch.
Bataille de Staouelli.
— d'Alger par mer.
Prise du fort de l'Empereur.
Entrée de l'armée française à Alger.
Le duc d'Orléans signe la proclamation de la lieutenance générale du royaume.
Le duc d'Orléans part du Palais-Royal.
Arrivée du duc d'Orléans sur la place de l'Hôtel-de-Ville.
Fac-similé. — — —
Lecture à l'Hôtel de Ville de la déclaration des députés.
Le duc d'Orléans reçoit le premier régiment de hussards.
La Chambre des Députés présente au duc d'Orléans l'acte qui l'appelle au trône.

Fac-similé.
Le roi prête serment de maintenir la Charte.
Fac-similé.
Sa Majesté la reine visitant les blessés de Juillet.
Le roi donne des drapeaux à la garde nationale.
Bivouac de la garde nationale dans la cour du Louvre.
La flotte française force l'entrée du Tage.
Entrée de l'armée française en Belgique.
Occupation d'Ancône par les troupes françaises.
Prise de Bône.
Le roi au milieu de la garde nationale.
Mariage du roi des Belges avec Louise d'Orléans.
Siège de la citadelle d'Anvers, tableau plan.
Attaque de la citadelle d'Anvers.
Le duc de Nemours au siège de la citadelle d'Anvers
Prise de la Lunette Saint-Laurent.
Combat de Doel.
La garnison hollandaise met bas les armes devant les Français.
Le roi sur la rade de Cherbourg.
Prise de Bougie.
Revue de la garde nationale.
Funérailles des victimes de l'attentat du 28 juillet.
Combat de Teniat
L'armée part d'Oran.
Combat du Sig.
— de l'Habrah.
L'armée arrive à Mascara
Marche de l'armée sur Mascara.
— — après la prise de Mascara.
— de Seckak, province d'Oran.
Le prince de Joinville visite le village d'Heden.
— — quitte le Saint-Sépulcre.
Première attaque de Constantine.
Combat en avant de Somah.
La brigade de Nemours part de Bône.
L'armée arrive devant Constantine.
Siège de Constantine, l'ennemi est repoussé des hauteurs.
— — les colonnes se mettent en mouvement.
Fac-similé.
— — prise de la ville.
Deuxième attaque de Constantine.
Siège de Constantine.
Reconnaissance de nuit devant Saint-Jean d'Ulloa.
Prise du fort de Saint-Jean d'Ulloa.
Le prince de Joinville attaque la maison du général Trista.
Combat de la Vera-Cruz, départ des embarcations.
Incendie du quartier de Pera à Constantinople.
Vue des portes de fer.
Passage des portes de fer par l'armée française, 1re feuille.
— — — 2e feuille.
— — — 3e feuille.
Vue générale de l'itinéraire suivi par le corps expéditionnaire en Afrique.
Défense de Mazagran.
Prise de Médéah.
Combat de l'Affroun.
L'armée française emporte le teniah de Mouzaïa.
Débarquement de Louis-Philippe à Calais.
Transbordement des restes de l'Empereur à Cherbourg.
Embarquement des restes de l'empereur Napoléon.
Le prince et la princesse de Joinville se rendent à bord de la frégate la « Belle Poule ».
Funérailles de l'empereur Napoléon.
Vue de la chapelle de Saint-Louis, à Tunis.
Départ de James Town, des embarcations transportant les restes de l'Empereur.
Le duc d'Aumale après la Smalah.
Fac-similé de la prise de la Smalah d'Abd-el-Kader.
Intérieur de la tente de Kaid Aly.
Bâtiments en rade au moment du débarquement de la reine d'Angleterre.
Bataille d'Isly.
Inauguration de la statue du duc d'Orléans à Alger.
Combat naval de Punto-Obligado.
Attaque et prise des batteries de Punto-Obligado.

Chaque planche . . . . net. 0 fr. 75

PORTRAITS

D'APRÈS LES

TABLEAUX DU MUSÉE DE VERSAILLES

Abeille (Gaspard), académicien.
Abdul-Medjid, empereur des Turcs.
Adanson (Michel), botaniste.
Agnès Sorel, dame de Fromenteau.
Agricola (Rodolphe), savant.
Aguesseau (Henri-François), chancelier de France.
Alain-Fergent, duc de Bretagne.
Albane (Francisco-Albani dit l'), peintre.
Albéroni (Jules), cardinal.
Albert VII, souverain des Pays-Bas, archiduc d'Autriche.
Alberti (Leon-Baptiste), architecte et littérateur.
Albret, comte de Miossens, maréchal de France.
Albon (Jacques d'), maréchal de France.
Alciat (André), littérateur et jurisconsulte.
Alençon (Catherine d'), comtesse de Mortain.
Alexandre Ier (Paulowitsch), empereur de Russie.
Alexandre VII (Fabio Chigi), pape.
Alexandre Farnèse III, gouverneur des Pays-Bas.
Alexis Petrowitsch, czarowitsch.
Alphonse de France, comte de Poitiers et de Toulouse
Amboise (Charles), deuxième du nom, amiral.
Ancre (Concino-Concini), maréchal de France.
Andrea del Sarto (André-Vanuchi, dit), peintre.
Augervilliers, ministre et secrétaire d'Etat.
Angoulême (duc d'), amiral de France.
Angoulême (Duchesse d') Dauphine.
Anne d'Autriche, reine de France.
Anne de Bretagne, reine de France.
Anne de Clèves, reine d'Angleterre et d'Irlande.
Anne de France, duchesse de Bourbon et d'Auvergne, dame de Beaujeu.
Anne de Gonzagues-Clèves, duchesse de Guise.
Anne Stuart, dame d'Aubigny, comtesse de Beaumont.
Annebrut, baron de Retz, maréchal de France.
Antin (L.-A. de Paradaillan de Gondrin, premier duc d').
Antoine de Bourbon, roi de Navarre.
Antoine de Florence (dit de Venise), peintre et médecin
Argenson (d'), ministre, secrétaire d'Etat.
Argentau deuxième du nom, maréchal de France.
Arioste (Louis-Jean), poète.
Armagnac (Catherine de Neufville-Villeroy, comtesse d').
Armentières (Louis de Brienne de Conflans, marquis d').
Arnauld d'Andilly (Robert, théologien de Port-Royal.
Arpajon (Catherine-Henriette d'Harcourt, duchesse d').
Artois (Jean d'), comte d'Eu.
Artois (Philippe), comte d'Eu, connétable de France.
Asfeldt marquis d'), maréchal de France.
Aubert du Bayet (Jean-Baptiste-Annibal), général en chef.
Aubespine (Claude de L'), dame de La Corbillière.
Aubeterre (François d'Esparbès de Lussan, vicomte d'), maréchal de France.
Aubeterre (Joseph-Henri-Touchard d'Esparbès de Lussan, marquis d'), maréchal.
Aubigny (Robert Stewart, seigneur d'), maréchal.
Aubusson (Pierre d'), grand-maître de l'ordre de Saint-Jean de Jérusalem.
Aubusson (Louis), duc de La Feuillade, maréchal.
Augereau duc de Castiglione, maréchal de France.
Aumont (Jean d'), comte de Châteauroux, maréchal de France.
Aumont (Antoine, duc d'), maréchal de France.
Aumont (Madeleine-Fare Letellier, duchesse d').
Avesnes (Marie d'), comtesse de Blois et de Saint-Pol.
Barou (Jean), baron de Sagonne.
Balagny (Jean de Montluc, seigneur de), maréchal de France.
Balde (Pietri degli Ubaldi), jurisconsulte.
Balincourt (marquis de), maréchal.
Balzac d'Entragues marquise de Verneuil.
Balzac (Jean-Louis Guez), académicien.
Barbarus (Hermolaüs), savant.
Barrère (Bertrand de Vieuzac).
Bartole, jurisconsulte.
Bassompierre (François, baron de), maréchal de France.

Baudouin II (Baudouin du Bourg), roi de Jérusalem.
Bayard, dit le Chevalier sans peur et sans reproche.
Béatrix, marquise de Bade, etc., duchesse de Bavière.
Béatrix de Bourbon, reine de Bohême.
Beauharnais (Alexandre, vicomte de), général en chef.
Beauharnais (Eugène-Napoléon de), duc de Leuchtenberg.
Beauharnais (Hortense-Eugénie de), (madame Bonaparte), reine de Hollande.
Beaujolais (Louis-Charles d'Orléans, comte de).
Beaumarchais (Pierre-Augustin Caron de).
Beaune (Renaud de).
Beauvau-Craon (Charles-Juste, prince de).
Beauvoir (Claude de), maréchal de France.
Beauvoir (Georges de) ou de Chastellux, amiral.
Bec-de-Lièvre (Charles de).
Bec-de-Lièvre (Pierre de).
Bellegarde (seigneur de), maréchal de France.
Bellegarde (duc de), etc., grand écuyer de France.
Belle-Isle (duc de), maréchal de France.
Bellièvre (Pomponne de), chancelier de France.
Bellot (Jean-Baptiste de), cardinal archevêque de Paris
Belloy (Jean-Laurent Burette de), académicien.
Bellune (duc de), maréchal de France.
Belzunce (Charles-Gabriel de), marquis de Castelmoron.
Bembo (Pierre), cardinal.
Benoit XIV (Prosper Lambertini), pape.
Berchent (comte de), maréchal de France.
Bérenger-Blanc, amiral.
Bernadotte, prince de Ponte-Corvo, maréchal de France.
Bernard (Saint), Père premier abbé de Clairvaux.
Bernard (Samuel), peintre et graveur.
Bernis (François-Joachim de Pierre de) Cardinal.
Berry (Caroline-Ferdinande-Louise (Mme la duchesse de), avec ses enfants.
Bertaut (Jacques), contrôleur de la maison de François Ier.
Berthe ou Bertrade, reine des Francs.
Berthier (Louis-Alexandre), maréchal de France.
Berwick (Jacques de Fitz-James), duc de Tinmouth, maréchal de France.
Bessarion, cardinal, patriarche de Constantinople.
Bessière, duc d'Istrie, maréchal de France.
Beuchet ou Behuchet (Nicolas), seigneur de Musy, amiral
Beurnonville (Pierre de Riel), maréchal de France.
Bezons (Jacques Bazin), maréchal de France.
Birague, chancelier de France, évêque de Lavaur.
Biron (Armand de Gontaut, baron de), maréchal de France
Biron (de Gontaut, duc de), maréchal de France.
Biron, amiral.
Biron (L.-A. de Gontaut), maréchal de France.
Bissy (Anne-Louis-Henri de Thyard), lieutenant-général.
Bissy (Claude de Thyard, comte de), officier général.
Bissy (Héliodore de Thyard, comte de).
Bissy (Henri de Thyard, cardinal de).
Bissy (Pontus de Thyard, seigneur de), évêque.
Blanche de Castille, reine de France.
Blanche de Castille, reine d'Espagne,
Blanche de France, femme de Ferdinand.
Blanche de Navarre, reine de France.
Bohémond Ier, prince d'Antioche.
Boileau-Despréaux (Nicolas), poète.
Bois-Dauphin (Urbain de Montmorency-Laval, marquis de),
Bon Louis-André), général de division.
Bonaparte (Charles de, père de l'empereur Napoléon.
Bonaparte (Jérôme, comte de Montfort), roi de Westphalie.
Bonaparte Lætitia Ramolino, madame), mère de l'empereur Napoléon.
Bonaparte (Marie-Anne-Eliza) (madame Bacciochi.
Bonaparte (Marie-Annuciade-Caroline) (madame Murat), comtesse de Lipona.
Bonne de Luxembourg, reine de France.
Bonnivet (Guillaume Gouffier, seigneur de), amiral de France
Borgia (César), duc de Valentinois.

Chaque planche . . . . **net. 0 fr. 75**

Portraits du Musée de Versailles.

Bessuet (Jacques-Bénigne), évêque de Meaux.
Bouchardon (Edme), sculpteur.
Boucher (Marie-Françoise Perdrigeon, dame).
Boucher (François), peintre.
Boucicault (Jean le Meingre, dit), maréchal de France.
Boufflers (Louis-François, duc de), maréchal de France.
Bouhier (Jean), académicien.
Bouillon (Emmanuel-Théodose de La Tour-d'Auvergne, cardinal de).
Bouillon (duc de), Henri de La Tour-d'Auvergne, vicomte de Turenne.
Bourbon (Charles de Bourbon, cardinal et duc de).
Bourbon (Charles, duc de) et de Châtellerault, Dauphin et duc d'Auvergne, connétable de France.
Bourbon (Charlotte de Hesse-Reinfeld-Rothenbourg princesse de Condé, duchesse de).
Bourbon (Eléonore de), princesse d'Orange.
Bourbon (François de), comte d'Enghien. gouverneur de Hainaut, de Piémont et de Languedoc.
Bourbon (Jean de), comte de Soissons et d'Enghien.
Bourbon (Louis), comte de Soissons.
Bourbon (Jean de, duc de), connétable.
Bourbon (Louis de Bourbon, duc de), pair et chambrier de France.
Bourbon (Louis de Bourbon, deuxième du nom, duc de), pair et chambrier de France.
Bourbon (Louis de), prince de Condé.
Bourbon (Louis de), prince de La Roche-sur-Yon.
Bourbon (Louis de), prince de Condé (le Grand Condé). premier prince du sang.
Bourbon (Louis, bâtard de), amiral de France.
Bourbon (Louis-Henri de Bourbon, prince de Condé, duc de).
Bourbon (Louis-Henri-Joseph de Bourbon, duc de), prince de Condé.
Bourbon (Louise-Anne de), Mlle de Charolais.
Bourbon (Marie de), abbesse de Saint-Louis.
Bourbon (Marie-Anne de), Mlle de Conti.
Bourbon (Marie-Anne de), Mlle de Clermont.
Bourbon (Marie de).
Bourbon (Pierre de Bourbon, duc de), duc d'Auvergne, sire de Beaujeu.
Bourdillon (Imbert de la Plâtière, seigneur de), maréchal de France.
Bourdon (Sébastien), peintre et graveur.
Bourgogne (Marguerite de France, duchesse de).
Bourgoin (Jacques de), gouverneur de Corbeil.
Boussu (Honorine de Glimes-Grimberghe, comtesse de) et duchesse de Guise.
Bouys (André), peintre.
Brancas (Louis de Forcalquier de), maréchal de France.
Braquemont (Robert de), dit Robert, amiral de France.
Breban (Pierre de), dit Clignet, amiral de France.
Breteuil (François-Victor Le Tonnelier de), ministre secrétaire d'Etat.
Brezé (Urbain de Maillé, marquis de), maréchal de France.
Brienne (Gauthier de), sixième du nom, connétable.
Brissac (Charles de Cossé, comte de,, dit le Beau. maréchal de France.
Brissac (Charles de Cossé, duc de), maréchal de France.
Brissac (Jean-Paul-Timoléon, Louis de Cossé, duc de), maréchal de France.
Broglie (Victor-François, duc de), maréchal de France.
Broglie (François-Marie, duc de), maréchal de France.
Broglie (Victor-Maurice, comte de), maréchal de France.
Brouchoven (François-Paulin de).
Brulard de Sillery (Fabin), académicien.
Brune (Guillaume-Marie-Anne, comte), maréchal de France.
Brunswick (Ferdinand, duc de), général en chef des armées prussiennes.
Brunswick-Wolfenbuttel (Charles, duc de).
Bruyère (Jean de La).
Buchan (Jean-Stuart, comte de) et de Douglas, connétable.
Budé (Guillaume), savant.
Bueil (Jean de), amiral.
Buffon (Georges-Louis Leclerc, comte de), naturaliste.
Busseuil (Marguerite de), dame de Bissy.

Bukingham (Georges Villiers, duc de).
Bussy-Rabutin (Roger de Rabutin, comte de Bussy).
Cadore (S.-B.-Nompère de Champagny, duc de).
Cafarelli du Falga (L.-M.-S.-Maximilien), général de division.
Campistron (Jean Galbert de), académicien.
Calvin (Jean Cauvin), né en 1509.
Cambacérès (J.-J.-Régis), duc de Parme.
Candale (Henri de Nogaret de La Valette, duc de).
Canova, sculpteur.
Cany (Marie de Barbançon, dame de).
Capello (Bianca), grande-duchesse de Toscane.
Caraccioli (Jean, prince de Melphes), maréchal de France.
Caribert, roi des Francs.
Carloman, roi de France.
Carnavalet (François de Kernevenoy, baron et seigneur de), gouverneur du duc d'Anjou (Henri III).
Casaubon (Isaac), philologue.
Castenau (Jacques, marquis de), maréchal de France.
Castries (Charles-Eugène de La Croix, marquis de), maréchal de France.
Catherine II (Alexiewna), impératrice de Russie.
Catherine-Bnin-Opalynska, reine de Pologne.
Catherine de Bourbon, princesse de Navarre, duchesse d'Albret et de Bar.
Catinat (Nicolas de), seigneur de Saint-Gratien, maréchal de France.
Cerda (Louis de La), dit Louis d'Espagne, amiral.
Chabannes (Jacques de), deuxième du nom, seigneur de La Palice, maréchal de France.
Chamilly, (Noël Bouton, marquis de), maréchal de France.
Champagne (Jean-Baptiste de), peintre.
Champagne (Philippe de), peintre.
Champagne (Thibaud, comte de), cinquième du nom, grand sénéchal de France.
Championnet (Jean-Étienne), général en chef.
Chanac (Guillaume), évêque de Paris, 1348.
Charlemagne ou Charles 1er (le Grand), empereur d'Occident, roi des Francs.
Charles 1er, roi d'Angleterre.
Charles II (le Chauve), roi de France.
Charles le Gros, roi de France.
Charles III, roi d'Espagne.
Charles le Simple, roi de France.
Charles IV (le Bel), roi de France.
Charles V (le Sage), roi de France.
Charles VI, roi de France.
Charles VI, empereur d'Allemagne.
Charles VII, roi de France.
Charles VII (Charles-Albert), empereur d'Allemagne.
Charles VIII, roi de France, né en 1470.
Charles IX, roi de France.
Charles X, roi de France.
Charles X, dans son enfance.
Charles XII, roi de Suède.
Charles-Alexandre, de Lorraine, archiduc d'Autriche, gouverneur général des Pays-Bas.
Charles de Bourgogne (le Téméraire), duc de Bourgogne.
Charles-Emmanuel III, roi de Sardaigne.
Charles de France, comte d'Anjou.
Charles de France, comte de Valois.
Charles de France, duc de Berry.
Charles de France, duc de Berry.
Charles-Philippe de France (Enfant), comte d'Artois, depuis Charles X.
Charles de France, duc d'Orléans, fils de François 1er.
Charles d'Evreux, deuxième du nom (le Mauvais), roi de Navarre.
Charles de Valois, deuxième du nom, comte d'Alençon.
Charles-Louis, premier du nom, duc de Bavière, comte palatin du Rhin.
Charles-Martel, maire du Palais.
Charles-Quint, empereur d'Allemagne et roi d'Espagne.
Charlotte de France, morte en 1524.
Charlotte de Hesse-Cassel, électrice de Bavière.
Château-Regnaud (F.-L. Sousselet, marquis de), maréchal.
Châtillon (Gaspard de Coligny, troisième du nom, seigneur de), maréchal de France.

Chaque planche . . . . **net. 0 fr. 75**

Portraits du Musée de Versailles.

Châtillon (Gaucher de), connétable.
Châtillon (Hugues de), comte de Saint-Pol.
Chaulnes (Françoise de Neuville Villeroy, duchesse de).
Chaulnes (Honoré-Albert, duc de), maréchal de France.
Chepoy ou Cepoy (Thibault de), amiral de France.
Chepoy (Jean de), deuxième du nom, amiral de France.
Cheverny (Philippe Huraut, comte de), chancelier de France.
Chevert (François de), lieutenant général des armées du roi.
Chevreuse (Charlotte-Marie de Lorraine, demoiselle de).
Chevreuse (Marie de Rohan-Montbazon, duchesse de Luynes et de).
Childebert Ier, roi des Francs.
Childebert II (le Juste), roi des Francs.
Childéric II, roi des Francs.
Childéric III, roi des Francs.
Chilpéric Ier, roi des Francs.
Chilpéric II, roi des Francs.
Choiseul (Claude de Choiseul, comte de), maréchal de France.
Choiseul-Stainville (Étienne-François, duc de), ministre secrétaire d'État.
Choiseul-Stainville (Jacques, duc de), maréchal de France.
Chrétien II, prince palatin, duc de Deux-Ponts.
Christian II, roi de Danemark, de Norwège et de Suède.
Christian VII, roi de Danemark et de Norwège.
Christine de France, duchesse de Savoie.
Christine, reine de Suède.
Christine, entourée de savants.
Cinq-Mars (Henri-Ruzé Coiffier, marquis de).
Clarke (Henri-Jacques Guillaume), duc de Feltre, maréchal de France.
Clary (Marie-Julie) (madame Bonaparte), comtesse de Survilliers.
Claude de France, reine de France.
Claude de France, duchesse de Lorraine et de Bar.
Clausel (Bertrand, comte). maréchal de France.
Clémence de Hongrie, reine de France.
Clément (Albéric), seigneur de Metz.
Clément VIII (Hippolyte Aldobrandini), pape.
Clément XII (Laurent Corsini), pape.
Clérembault (Philippe de), comte de Palluau, maréchal de France.
Clermont-Tonnerre (Gaspard de), maréchal.
Clèves (Catherine de), duchesse de Guise, comtesse d'Eu.
Clotaire Ier, roi des Francs.
Clotaire II, roi des Francs.
Clotaire III, roi des Francs.
Clotilde (sainte Clotilde), reine des Francs.
Clovis Ier, roi des Francs.
Clovis II, roi des Francs,
Clovis II, roi des Francs.
Clovis III, roi des Francs.
Coétivy (Prégent de), amiral.
Coetlogon (Allain-Emmanuel, marquis de), maréchal.
Coigny (François de Franquelot, duc de), maréchal de France.
Coigny (Marie-François-Henri de Franquetot, duc de), maréchal de France.
Coislin (Armand du Cambout, duc de), académicien.
Coislin (Henri-Charles du Cambout), évêque de Metz.
Coislin (Pierre du Cambout, duc de), académicien.
Colbert (Édouard), marquis de Villacerf, surintendant des bâtiments du roi.
Colbert (Jean-Baptiste), contrôleur général des finances.
Coligny (François de), seigneur d'Andelot, colonel général de l'infanterie française.
Coligny (Gaspard de), deuxième du nom, amiral de France.
Coligny (Odet de), cardinal de Châtillon, comte et pair de France.
Collin (Jean-Baptiste), comte de Sussy.
Colomb (Christophe) navigateur.
Condé (Charles de) et son fils, mort en 1602.
Condée (Charlotte-Catherine de La Trémoille, princesse de), née en 1568, morte en 1629.

Condé (Charlotte-Godefride-Élisabeth de Rohan-Soubise, princesse de), née 1737, morte en 1760. — Me Dausse.
Condé (Éléonore de Roye, princesse de), morte en 1564.
Condé (Henri de Bourbon, deuxième du nom, prince de), duc d'Enghien, etc., premier prince du sang, née en 1588, mort en 1646.
Condé (Louis de Bourbon, troisième du nom, prince de), duc de Bourbon.
Condé (Louis-Joseph de Bourbon, prince de).
Condé (Louis-Françoise de Bourbon, princesse de) (mademoiselle de Nantes).
Conrad, marquis de Montferrat, seigneur de Tyr.
Conrart (Valentin), académicien.
Constance d'Arles, reine de France.
Constance de Castille, reine de France.
Contades (Louis-Georges-Érasme, marquis de), maréchal de France.
Conty (Armand de Bourbon, prince de), pair de France.
Conty (François de Bourbon, prince de).
Conty (François-Louis de Bourbon, prince de).
Conty. Salon du prince de Conty, au Temple (déjeuner).
Conty. — — — (souper).
Conty (Louis-François-Joseph de Bourbon, prince de).
Conty (Marie-Thérèse de Bourbon), (Mlle de Bourbon, princesse de).
Corneille (Michel), peintre.
Corneille (Pierre), poëte dramatique.
Corneille (Thomas), poëte dramatique.
Cossé (Arthus de), comte de Secondigny, maréchal
Cotte (Robert de), architecte.
Cousin (Louis), académicien.
Coypel (Antoine), peintre.
Coysevox (Antoine), sculpteur.
Crébillon (Prosper Jolyot de), poëte tragique.
Créquy (Charles de Blanchefort, marquis de), prince de Poix, etc., maréchal de France.
Créquy (François de Blanchefor., marquis de), maréchal de France.
Crillon (Louis de Balbe ou Balbis-Berton, seigneur de), colonel général de l'artillerie française.
Cromwell (Olivier), protecteur d'Angleterre, d'Écosse et d'Irlande.
Croy (Emmanuel, duc de), maréchal.
Culant (Louis de), amiral.
Dagobert Ier, roi des Francs.
Dagobert II, roi des Francs.
D'Alembert (Jean Le Rond), géomètre.
Dampierre (Auguste-Henri-Marie Picot, comte de), général en chef.
Dampierre (Jacques de Châtillon), premier du nom, amiral.
Damrémont (Charles-Marie-Denys, comte de).
Damville (Charles de Montmorency, duc de), amiral de France.
Dangeau (Philippe de Courcillon, marquis de).
Dante Alighieri, poète.
David (Jacques-Louis), peintre.
Davoust (Louis-Nicolas), prince d'Eckmühl, maréchal de France.
Dejean (J.-F.-Aimé, comte), ministre de la guerre.
Descartes (Réné), philosophe et mathématicien.
Desjardins (Martin Van den Bogaert, dit), sculpteur.
Desmoulins (Camille).
Desquerdes (Philippe Crèvecœur, seigneur de), maréchal de France.
Detroy (Jean-Baptiste-François), peintre.
Diane, duchesse d'Angoulême, de Castro et de Montmorency.
Diane de Poitiers, duchesse de Valentinois.
Diderot (Denis).
Dombes (Louis-Auguste de Bourbon, prince de), colonel général des Suisses.
Don Carlos, infant d'Espagne.
Don Juan d'Autriche, généralissime des armées du roi d'Espagne.
Doria (Aithon), amiral.
Doria (André), amiral génois, prince de Melfi.
Dormans (Jean de), chanoine de Paris et de Chartres, et chancelier de l'église de Beauvais.

Chaque planche . . . . net. 0 fr. 75

Portraits du Musée de Versailles.

Dormans (Renaud de), archidiacre de Châlons-sur-Marne.
Dubois (Guillaume), cardinal.
Duchaffault de Besné (Louis-Charles de Rezay, comte de), maréchal.
Duchâtel (Guillaume), pannetier de Charles VII,
Ducis (Jean-François), poète.
Duclos (Charles-Pineau), académicien.
Dufresny, poète dramatique.
Duguay-Trouin (Réné), lieutenant général des armées navales.
Du Hamel (Jacques), seigneur de Saint-Remi.
Dumouriez (Charles-François), général en chef.
Dumuy (Louis-Nicolas-Victor de Félix d'Olières, comte), maréchal de France.
Dunois (Jean, bâtard d'Orléans, comte de), grand chambellan de France.
Duperré (Victor-Guy, baron), amiral de France.
Duperron (Jacques Davy), cardinal.
Dupuy (Dominique Martin), général de brigade.
Duquesne (Abraham, marquis), lieutenant général des armées navales.
Duras (Emm.-Félicité Durfort, duc de), maréchal.
Duras (Jacques-Henri de Durfort, duc de), maréchal.
Duroc (Géraud-Christophe-Michel), duc de Frioul.
Duvair (Guillaume), garde des sceaux.
Edelinck (Gérard), graveur.
Edouard de Bavière, comte palatin du Rhin.
Effiat (Antoine Coiffier, dit Ruzé, marquis d').
Eglantine (Philippe-François-Nazaire Fabre d').
Eléonore d'Autriche, reine de France.
Elisabeth d'Angleterre, landgrave de Hesse-Hombourg.
Elisabeth d'Autriche, reine de France.
Elisabeth Charlotte de Bavière (Mme), duchesse d'Orléans.
Elisabeth-Charlotte d'Orléans, duchesse de Lorraine et de Bar.
Elisabeth-Christine de Brunswick-Wolfenbuttel, impératrice d'Allemagne, reine de Hongrie et de Bohème.
Elisabeth Farnèse, reine d'Espagne.
Elisabeth de France, reine d'Espagne.
Elisabeth Petrowna, impératrice de Russie.
Elisabeth (Philippine-Marie-Hélène de France, Mme).
Escars (Suzanne d'), dame de Pompadour.
Enghien (Louis-Antoine-Henri de Bourbon, duc d').
Enguerrand de Coucy, amiral de France.
Epernon (Bernard de Nogaret de La Valette, duc d').
Erasme (Didier), savant, né en 1467.
Espagne (Charles de la Cerda, dit d'), connétable.
Estaing (Charles-Hector, comte d'), maréchal.
Estampes (Jacques), marquis de la Ferté-Imbault, etc., maréchal de France.
Este (François-Marie d'), troisième du nom, duc de).
Este-Ferrare (Anne d'), duchesse de Guise, de Nemours.
Estrades (Godefroy, comte d'), maréchal.
Estrées (François-Annibal, premier du nom, duc d'), maréchal.
Estrées (Jean d'), seigneur de Cœuvres, etc., grand-maître et capitaine général de l'artillerie de France.
Estrées (Louis-Charles-César Letellier, comte d'), maréchal de France.
Estrées (Victor-Marie, duc d'), maréchal de France.
Eu (Louis-Charles de Bourbon, comte d'), grand-maître de l'artillerie.
Eu (Philippe d'Artois, comte d'), connétable.
Eu (Philippe d'Artois, comte d'), fils du connétable.
Eudes, roi de France.
Eudes Ier, duc de Bourgogne.
Eustache III, comte de Boulogne.
Fabert (Abraham de), maréchal de France.
Fagon (Gui-Crescent), premier médecin de Louis XIV.
Fénelon (François de Salignac de La Mothe), archevêque de Cambrai.
Ferdinand (le cardinal infant), infant d'Espagne, archiduc d'Autriche.
Fesch (Joseph), cardinal, archevêque de Lyon.
Ficin (Marsile), savant.
Fischer (Jean), cardinal, évêque de Rochester.
Fitz-James (Jean-Charles, duc de), maréchal.
Flaxman (Jean).

Fléchier (Esprit), évêque de Nîmes.
Fleury (André-Hercule de), cardinal, premier ministre.
Florent de Varennes, amiral de France.
Flotte (Pierre), dit Flotton de Revilaunel.
Fontanes (Louis, marquis de), grand-maître de l'Université.
Fontaine (Pierre-François-Léonard), architecte du roi Louis-Philippe.
Fontanges (Marie-Angélique de Scoraille de Roussille, duchesse de).
Fontenelle (Bernard Le Bovier de), littérateur.
Forget (Pierre), seigneur de Fresnes.
Foulques de Villaret, grand-maître de l'ordre de Saint-Jean de Jérusalem.
Fouquet (Nicolas), marquis de Belle-Isle, surintendant des finances.
Fourcroy (Antoine-François), chimiste.
Foy (Maximilien-Sébastien, comte de), lieutenant général.
François Ier, roi de France.
François II, roi de France.
François II, duc de Bretagne.
François II, duc de Lorraine et de Bar.
François de Sales (saint), évêque de Genève.
Frédéric II (le Grand), roi de Prusse.
Frédéric III, roi de Danemark et de Norwège.
Frédéric-Auguste II, roi de Pologne (Auguste III), électeur de Saxe.
Frédéric-Guillaume II, roi de Prusse.
Frédéric-Guillaume III, roi de Prusse.
Frédéric-Josias, prince de Saxe-Cobourg Saalfeld.
Froelich (Guillaume), colonel général des Suisses.
Galilée-Galilei, astronome.
Gamache (Joachim Roualt, seigneur de), maréchal.
Gassion (Jean, comte de), maréchal de France.
Gaston de Foix, duc de Nemours, gouverneur du Dauphiné et du Milanais.
Gaston (Jean-Baptiste de France) (Monsieur), duc d'Orléans.
Gaza (Théodore), savant.
Gédoyn (Nicolas), académicien.
Genlis (Stéphanie-Félicité Ducrest de Saint-Aubin, comtesse de).
Georges III, roi de la Grande-Bretagne.
Gérard (François, baron), peintre.
Gérard (Maurice-Etienne, comte), maréchal de France.
Gesvres (Louis Potiers, marquis de), maréchal des camps et armées du roi.
Girardon (François), sculpteur.
Girodet-Trioson (Anne-Louis), peintre.
Gluck (Christophe), compositeur.
Godard (Georges), sergent-major dans les troupes du roi d'Espagne.
Godefroy de Bouillon, roi de Jérusalem.
Gondi (Charles de), marquis de Belle-Isle, général des galères.
Gondi (Jean-François-Paul de), cardinal de Retz.
Gonzagues-Clèves (Marie-Louise de), reine de Pologne.
Gouffier (Claude), duc de Rouannois, etc., grand-écuyer de France.
Goujon (Jean), sculpteur.
Gouvion Saint-Cyr (Laurent, marquis de), maréchal de France.
Grammont (Antoine, troisième du nom, duc de), maréchal.
Grammont (Catherine-Charlotte de), princesse de Monaco.
Grammont (Marie-Charlotte de Castelnau, duchesse de).
Graville (Louis Malet, sire de), amiral.
Greffi, gentilhomme de François Ier.
Grégoire XIII (Hugues Buon Compagno), pape.
Grégoire XIV (Nicolas Sfondrate), pape.
Grenier (Paul, comte), général en chef.
Grenville (William Wyndham, lord).
Grimaldi (Reynier de), amiral.
Grouchy (Emmanuel, marquis de), maréchal de France.
Groulard (Claude), duc de Court.
Guebriard (Jean-Baptiste Budes, comte de), maréchal de France.
Guérin (Pierre-Narcisse, baron), peintre.
Guillain (Simon), sculpteur.

Chaque planche . . . . net. 0 fr. 75

Portraits du Musée de Versailles.

Guillaume Ier (dit le Jeune), comte de Nassau, prince d'Orange.
Guillaume II (dit le Religieux), duc de Bavière-Munich.
Guillaume III, roi d'Angleterre.
Guise (Antoinette de Bourbon, duchesse de).
Guise (Claude de Lorraine, premier duc de), pair et grand-veneur de France.
Guise (Henri de Lorraine, premier du nom, duc de), surnommé le Balafré.
Guise (Henriette-Catherine, duchesse de Joyeuse, de Montpensier, de), comtesse du Bouchage.
Gustave Ier (Gustave-Wasa), roi de Suède.
Gustave III, roi de Suède.
Gustave-Adolphe, roi de Suède.
Gyé (Pierre de Rohan, chevalier, seigneur de), maréchal de France.
Hallé (Claude-Guy), peintre.
Hallewin ou Hallwin (Jeanne de), dame d'Alluye.
Hallewin ou Hallwin (Louise de), dame de Cypierre.
Harambure (Jean d'), baron de Picatrary.
Harcourt (Henri, duc d'), maréchal de France.
Harcourt (Henri de Lorraine, comte d'), grand écuyer de France.
Harcourt (Jean d'), deuxième du nom, amiral.
Helvétius (Claude-Adrien).
Henri Ier, roi de France.
Henri II, roi de France.
Henri III, roi de France.
   — (Bal donné à la cour de Henri III).
Henri IV, roi de France.
Henri VIII, roi d'Angleterre.
Henri Ier (dit le Libéral), comte de Champagne.
Henri d'Albret, deuxième du nom, roi de Navarre.
Henriette-Anne d'Angleterre (Madame), duchesse d'Orléans.
Henriette-Marie de France, reine d'Angleterre.
Herbelot (Barthélemi d'), orientaliste.
Hermentrude, reine des Francs.
Heusse (Jean de La, dit le beau Jean), amiral.
Hoche (Louis-Lazare), général en chef.
Hocquincourt (Charles de Mouchy, marquis d'), maréchal de France.
Holland (Henri Richard Fox), lord.
Hugues Capet, roi de France.
Hugues de France (Hugues le Grand), comte de Vermandois.
Humbert, premier du nom, Dauphin de Viennois.
Humières (Louis de Crévant, duc d'), maréchal de France.
Innocent IX (Jean-Antoine Facchinetti), pape.
Innocent X (Jean-Baptiste Panfili), pape.
Isabel ou Isabeau de Bavière, reine de France.
Isabelle d'Artois.
Isabelle de France, reine d'Angleterre.
Isabelle d'Aragon, duchesse de Milan.
Isabelle d'Aragon, reine de France.
Isabelle de Melun, comtesse d'Eu.
Isabelle-Claire-Eugénie d'Autriche, souveraine des Pays-Bas, infante d'Espagne.
Isabelle ou Elisabeth de Portugal, impératrice d'Allemagne, reine d'Espagne.
Jabot (Nicolas), premier médecin de Henri IV.
Jacques Ier, roi d'Angleterre et VIe d'Écosse.
Jacques II, roi d'Angleterre.
Jarnac (Marie-Claire de Créquy, comtesse de).
Jean II (le Bon), roi de France.
Jean d'Autriche (don Juan), généralissime des armées du roi d'Espagne.
Jean Bart (le chevalier), chef d'escadre.
Jean de Bavière, deuxième du nom.
Jean de Brienne, empereur de Constantinople.
Jean, duc de Bourgogne (Jean sans Peur).
Jean de France, duc de Berry, comte d'Auvergne et de Poitou.
Jean-Frédéric, duc et électeur de Saxe, surnommé le Magnanime.
Jean-Frédéric, duc de Saxe-Gotha à l'âge de 5 ans.
Jeanne, reine de France.
Jeanne (dite Blanche de France).
Jeanne Ire, reine de Naples.
Jeanne II, reine de Naples.

Jeanne, reine de France et de Navarre.
Jeanne d'Albret, reine de Navarre.
Jeanne d'Aragon (la Folle), reine de Castille.
Jeanne d'Arc (dite la Pucelle d'Orléans).
Jeanne d'Autriche (dona Juana), princesse de Portugal.
Jeanne de Bourgogne, reine de France.
Jeanne d'Évreux, reine de France.
Jeanne d'Évreux-Navarre (dite la Jeune), vicomtesse de Rohan.
Jeanne de France, reine de Navarre.
Jeaunin (Pierre), surintendant des finances.
Joinville (Jean, sire de), sénéchal de Champagne.
Joseph Ier ou Joseph-Emmanuel, roi de Portugal.
Joseph II. (Fête donnée à Vienne à l'occasion du mariage de Joseph II).
Joséphine (Marie-Françoise Tascher de La Pagerie), impératrice des Français.
Josselin de Courtenay, deuxième du nom, comte d'Édesse.
Joubert (Barthélemy-Catherine), général en chef.
Jourdan (Jean-Baptiste, comte), maréchal de France.
Jouvenet (Jean), peintre.
Joyeuse (Anne de, duc de), amiral.
Joyeuse (Henri, duc de), maréchal.
Jules Romain (Giulio Pippi, dit), peintre.
Junot (Jean Andoche), duc d'Abrantès, général en chef.
Juvénal des Ursins (Guillaume), chancelier de France.
Juvénal des Ursins (Jean) et sa famille.
Kan-Gao (le Chinois).
Keller (Jean-Balthazar), fondeur.
Keller (Jean-Jacques), fondeur.
Kellermann (François-Christophe), duc de Valmy, maréchal de France.
Kléber (Jean-Baptiste), général en chef.
Klopstock (Frédéric Gottlieb), poète.
Kratzer (Nicolas), astronome de Henri VIII, roi d'Angleterre.
La Bourdonnais (Bertrand-François-Marie de).
La Chapelle (Jean de), académicien.
La Châtre (Gasparde de), baronne de Meslay.
Lacuée (Jean-Gaspard), comte de Cessac.
La Fare (Philippe-Charles de), maréchal.
La Ferté (Henri de Senneterre, deuxième du nom, duc de), maréchal.
La Feuillade (François d'Aubusson, duc de), maréchal de France.
La Fontaine (Jean de), poète et fabuliste.
La Force (Jacques Nompar de Caumon, duc de), maréchal de France.
Lafosse (Charles), peintre.
La Harpe (Jean-François de), littérateur.
La Hire (Étienne de Vignoles, dit).
Lajoue (Jacques), peintre, et sa famille.
Lalande (Jérôme Le Français de).
La Marche (Jacques de Bourbon, premier du nom, comte de), connétable de France.
La Marck (Robert de), troisième du nom, comte de Bouillon.
Lamballe (Marie-Thérèse Louise de Savoie-Carignan, princesse de).
La Meilleraye (Charles de la La Porte, duc de), maréchal de France.
Lamothe-Houdancourt (Philippe de), duc de Cardonne, maréchal de France.
La Mothe-Le-Vayer (François de), académicien.
Lanne (Jean), duc de Montebello, prince d'Essling, maréchal de France.
Lanoue (François de), dit Bras de Fer.
La Tour d'Auvergne (François de), troisième du nom, vicomte de Turenne.
La Tour-Maubourg (Jean-Hector du Fay, marquis de), maréchal.
La Place (Pierre-Simon, marquis), géomètre.
La Porte (Amador de), grand-prieur de France.
Largillière (Nicolas), peintre.
Lariboisière (comte de), premier inspecteur général de l'artillerie.
La Rivière (Charles Bureau de).
La Roche (Gilles de), seigneur de Saint-André, chef d'escadron.

Chaque planche . . . . net. 0 fr. 75

Portraits du Musée de Versailles.

La Rochefoucauld (François, comte de), prince de Marcillac.
La Rochefoucauld (François de), cardinal.
La Rochefoucauld (François, sixième du nom, duc de).
La Rochefoucauld (Silvie Pic de la Mirandole, comtesse de).
La Salle (Antoine-Charles-Louis, comte de), général de division.
La Touche Tréville (Louis-René-Madeleine Levassor de), vice-amiral
La Trémoille (Louis, deuxième du nom, sire de), surnommé le chevalier sans reproche, vicomte de Thouars.
Lauriston (Jacques-Alexandre-Bernard Law, marquis de), maréchal de France.
Lautrec (Odet, comte de Foix et de Comminges, seigneur de), maréchal de France.
La Valette (Jean Parisot de) grand-maître de l'ordre de Saint-Jean de Jérusalem.
La Vallière (Louise-françoise de La Baume Le Blanc, duchesse de).
Lavardin (Jean de Beaumanoir, troisième du nom, marquis de), maréchal.
La Vauguyon (Ant.-Paul-Jacques de Quélen, duc de).
La Vieuville (Charles, premier du nom, duc de), surintendant des finances
La Vieuville (Marie Boubier de Beaumarchais, duchesse de).
Le Brun (Charles), premier peintre du roi (Louis XIV).
Lebrun (Marie-Louise-Élisabeth Vigée Mme).
Lebrun (Charles-François), duc de Plaisance.
Leclerc (Charles-Emmanuel), général en chef.
Leclerc (Sébastien), dessinateur et graveur.
Le Courbe (Claude-Jacques), général en chef.
Lefèbvre (François-Joseph), duc de Dantzick, maréchal de France.
Legendre (Roberte ou Robine), morte vers 1522.
Legoux Jean-Baptiste), seigneur de Berchère.
Le Lorrain (Robert).
Le Mercier (Jacques), architecte.
Lenoncourt (Robert de), cardinal, archevêque d'Embrun.
Le Nostre (André), architecte.
Léon XI (Alexandre-Octavien de Médicis), pape.
Léon XII, porté dans la basilique de Saint-Pierre, à Rome.
Léopold Ier, empereur d'Allemagne.
Léopold Ier, roi des Belges.
Léopold Ier, duc de Lorraine et de Bar.
Léopold II, empereur d'Allemagne.
Léopold-Guillaume, archiduc d'Autriche, gouverneur des Pays-Bas.
Lerambert (Louis), peintre et sculpteur.
Lescot (Pierre), architecte.
Lesdiguierre (François de Bonne, quatrième du nom, duc de), connétable.
Lescun (Thomas de Foix, seigneur de), maréchal de France
Lesueur (Eustache), peintre.
Levis (Guy de), premier du nom, maréchal de la Foi.
L'Hopital (François de), comte de Rosnay, maréchal de France.
L'Hopital (Michel de), chancelier de France.
Ligny (Louis de Luxembourg, comte de), grand chambellan de France.
Linné (Charles), naturaliste.
Lipse (Juste), savant.
Lobau (Georges Mouton, comte de), maréchal de France.
Lohéac (André de Montfort-Laval, seigneur de), maréchal de France.
Loménie de Brienne (Etienne-Charles de), cardinal.
Longueville (Anne-Geneviève de Bourbon, duchesse de).
Longueville (Catherine d'Orléans), Mademoiselle
Longueville (Henri d'Orléans, duc de), etc., pair de France
Longwy (François de), dame de Pagny et de Mirebeau.
Lorges-Duras Guy-Aldonce de Durfort, duc de), maréchal de France.
Lorges (Guy-Michel de Durfort, duc de), maréchal.
Lorrain (Claude Gelée, dit le), peintre et graveur.

Lorraine (Charles de), cardinal, archevêque de Reims pair de France.
Lorraine (Christine de), grande-duchesse de Toscane.
Lorraine (Claude de), duc de Chevreuse, pair et grand-chambellan.
Lorraine (François de), prince de Joinville.
Lorraine (Henri de), deuxième du nom, duc de Guise et de Joyeuse, grand-chambellan de France.
Lorraine (Henri de), duc de Mayenne et d'Aiguillon, grand-chambellan de France.
Lorraine (Louis de), duc de Joyeuse, grand-chambellan de France.
Lorraine (Louis de), comte de Vaudemont.
Lorraine (Renée de), duchesse d'Ognano.
Lothaire, roi de France.
Louis Ier (le Débonnaire), roi des Francs.
Louis II (le Bègue), roi de France.
Louis III, roi de France.
Louis IV (d'outre-mer), roi de France.
Louis V (le Fainéant), roi de France.
Louis VI (dit le Gros), roi de France.
Louis VII (le Jeune), roi de France.
Louis VIII (le Lion), roi de France.
Louis IX (saint Louis), roi de France.
Louis X (le Hutin), roi de France.
Louis XI, roi de France.
Louis XII (le Père du peuple), roi de **France.**
Louis XIII, roi de France.
Louis XIV, roi de France.
Louis XV, roi de France.
Louis XVI, roi de France.
Louis XVIII, roi de France.
Louis de France, duc d'Anjou, roi de Naples, de Sicile et de Jérusalem.
Louis de France, dauphin (le grand dauphin).
Louis de France, dauphin.
Louis de France, duc d'Orléans, premier du nom, surintendant des finances, gouverneur du royaume.
Louise de Lorraine, reine de France.
Louise Marie d'Orléans, reine des Belges.
Louise Marie Stuart, princesse d'Angleterre.
Louville (Charles-Auguste d'Allouville, marquis de).
Lowendal (Ulric-Frédéric Woldemar, comte de), maréchal de France.
Loyola (saint Ignace de), fondateur de l'ordre des Jésuites.
Luckner (Nicolas, baron de), maréchal de France.
Lulli (Jean-Baptiste), compositeur.
Luther (Martin), réformateur.
Luxembourg (François-Henri de Montmorency, duc de), maréchal de France.
Luynes (Charles-Albert, duc de), connétable de France.
Macdonald (Etienne-Jacques-Joseph-Alexandre), duc de Tarente, maréchal de France.
Madeleine de France, reine d'Ecosse.
Magellan (Ferdinand), navigateur.
Mahmoud-Khan II, empereur des Turcs.
Maillebois (Jean-Baptiste-François Desmaretz, marquis de), maréchal de France.
Mailly (Augustin-Joseph, comte de, marquis d'Harcourt), maréchal.
Maine (Anne-Louise-Bénédicte de Bourbon, duchesse du).
Maine (Louis-Augustin de Bourbon, duc du).
Maison (Nicolas-Joseph, marquis), maréchal de France.
Maison, grenadier au 3e bataillon de Paris, 1792.
Malborough (John Churchill, duc de).
Malebranche (Nicolas), philosophe.
Malezicu (Nicolas de), académicien.
Mansart (Jules Hardouin), architecte, surintendant des bâtiments.
Marbot (Antoine), général de division.
Marceau Joseph Maurice, général en chef.
Marguerite d'Autriche, duchesse de parme, gouvernante des Pays-Bas.
Marguerite de Provence, reine de France.
Marguerite, surnommée Maultasche, comtesse de Tyrol.
Marguerite de Foix, duchesse de Bretagne.
Marguerite d'Orléans (Marguerite de Valois), reine de Navarre.
Marguerite-Thérèse d'Autriche, impér. d'Allemagne.

Chaque planche. . . . . net. 0 fr. 75

Portraits du Musée de Versailles.

Marie, reine d'Angleterre.
Marie-Adélaïde de France (Mme Adélaïde).
Marie-Adélaïde de Savoie, duchesse de Bourgogne, dauphine.
Marie Amélie-Josèphe-Jeanne-Antoinette, archiduchesse d'Autriche, duchesse de Parme.
Marie-Amélie, reine des Français.
Marie-Anne-Christine-Victoire de Bavière, dauphine.
Marie-Anne de Neubourg, reine d'Espagne.
Marie-Anne-Eléonore-Wilhelmine-Joséphe, archiduchesse d'Autriche, gouvernante des Pays-Bas.
Marie-Antoinette d'Autriche, reine de France, avec ses enfants.
Marie d'Autriche, impératrice d'Allemagne, reine de Hongrie et de Bohême.
Marie d'Autriche, reine de Hongrie et de Bohême.
Marie-Christine des Deux-Siciles, reine douairière d'Espagne.
Marie de Bourgogne, duchesse de Brabant.
Marie-Françoise-Elisabeth de Savoie (Mlle d'Aumale), reine de Portugal.
Marie-Josèphe d'Autriche, reine de Pologne, électrice de Saxe.
Marie-Joséphine-Louise de Savoie, comtesse de Provence.
Marie Leczinska, reine de France.
Marie-Louise, impératrice des Français, duchesse de Parme, Plaisance et Guastalla et le roi de Rome.
Marie Louise-Elisabeth d'Orléans, duchesse de Berri.
Marie-Louise-Gabrielle de Savoie, reine d'Espagne.
Marie-Louise-Thérèse-Victoire de France (Madame Victoire).
Marie de Médicis, reine de France.
Marie-Stuart, reine de France et d'Ecosse.
Marie-Thérèse d'Autriche, impératrice d'Allemagne.
Marie-Thérèse d'Autriche, reine de France, infante d'Espagne.
Marie-Thérèse de Savoie, comtesse d'Artois.
Marie-Thérèse-Antoinette-Raphaelle, infante d'Espagne, Dauphiné.
Marillac (Louis de), comte de Beaumont-le-Roger, maréchal.
Marivaux (Pierre Carlet de Chamblain de), académicien.
Marsy l'aîné (Gaspard), sculpteur.
Martinozzi (Anne-Marie), princesse de Conti.
Masséna (André), maréchal de France.
Massieu (Guillaume), académicien.
Massillon (Jean-Baptiste), évêque de Clermont.
Matignon (Jacques Goyon, deuxième du nom, duc de), maréchal.
Matignon (Charles-Auguste de Goyon, comte de), maréchal de France.
Mauperche (Henri de), peintre paysagiste.
Maximilien Ier, empereur d'Allemagne.
Maximilien II, empereur d'Allemagne.
Maximilien-Joseph, Electeur de Bavière.
Mazarin (Jules), cardinal.
Idem (et son tombeau).
Médavy (Jacques-Léonor Rouxel, comte de), maréchal de France.
Médicis (Alexandre de), souverain de Florence.
Médicis (Côme de), surnommé le père de la patrie.
Médicis (Côme de), premier grand-duc de Toscane.
Médicis (Hippolyte de), cardinal.
Médicis (Laurent de), deuxième du nom, chef de la République florentine.
Meulenay (Enguerrand de), amiral.
Mesmes (Henri de), président au Parlement de Paris.
Meziriac (Claude-Gaspard Bachet).
Miége (Pierre), amiral.
Mignard (Pierre), premier peintre du roi (Louis XIV).
Mignot (Françoise-Marie), maréchale de l'Hôpital.
Mirabeau (Honoré Gabriel Riquetti).
Mirepoix (Gaston-Charles-Pierre de Lévis, marquis de), maréchal.
Mohammed-Ali-Pacha, vice-roi d'Egypte.
Molay (Jacques de), grand maître de l'ordre du Temple.
Molé (Edouard), président au Parlement de Paris.
Molé (Mathieu), chancelier de France.

Molière (Jean-Baptiste Poquelin), poète.
Molitor (Gabriel-Jean-Joseph, comte), maréchal de France.
Moncade (François de), marquis d'Ayetonne, grand sénéchal d'Aragon.
Moncey (Bon-Adrien-Jannot de), duc de Conegliano, maréchal de France.
Montfort (Simon, troisième du nom, comte de), croisé de la foi.
Montaigne (Michel de), écrivain moraliste.
Montauban (Jean de), amiral.
Montauban (Marie, dame de).
Montausier (Charles de Sainte-Maure, duc de), gouverneur de Louis de France, le grand Dauphin.
Montbazon (Marie de Bretagne d'Avaugour, duchesse de).
Montecuculli (Raimond de), général en chef des armées de l'empereur d'Allemagne.
Montespedon (Philippine de), princesse de la Roche-sur-Yon.
Montesquiou d'Artagnan (Pierre de), maréchal.
Montfort (Amaury, quatrième du nom, comte de), connétable de France.
Montfort (Jean de), deuxième du nom, duc de Bretagne.
Montgault (Nicolas-Hubert), académicien.
Montgommery (Gabriel de Lorges), capitaine de la garde écossaise de Henri II.
Montluc (Blaise de Montesquiou-Lasseran-Massencome, seigneur de), maréchal de France.
Montmorency (Albert de), connétable de France.
Montmorency (Anne, duc de), connétable de France.
Montmorency (Charles de), maréchal.
Montmorency (François de), maréchal de France.
Montmorency (Guillaume, seigneur de), d'Escouen, de Chantilly.
Montmorency (Guy de Laval), marquis de Nesle.
Montmorency (Eléonore de), vicomtesse de Turenne.
Montmorency (Henri, premier du nom, duc de), comte de Dammartin, connétable de France.
Montmorency (Henri, deuxième du nom, duc de), et de Damville, maréchal de France.
Montmorency (Madeleine de Savoie, duchesse de).
Montmorency (Mathieu de, deuxième du nom), amiral de France.
Montmorency (Mathieu de), deuxième du nom, connétable.
Montmorency-Laval (Guy-André-Pierre, duc de), maréchal.
Montpensier (Antoine-Philippe d'Orléans, duc de).
Montpensier (Catherine de Lorraine, duchesse de).
Montpensier (Gilbert de Bourbon, comte de), gouverneur de Paris, vice-roi de Naples.
Montpensier (Henri de Bourbon, duc de), prince du sang.
Montrevel (Nicolas-Auguste de La Baume, marquis de), maréchal de France.
Moonsia (Madeleine), vivait en 1574.
Moreau (Victor), général en chef.
Moret (Jacqueline de Bueil, comtesse de).
Mornay (Philippe de), seigneur du Plessis-Marly, conseiller d'Etat, gouverneur de Saumur.
Mortier (Edouard-Adolphe-Casimir-Joseph), duc de Trévise, maréchal de France.
Morville (Charles-J.-B Fleurian).
Mouchy (Philippe de Noailles, duc de), maréchal.
Moy (Claude de), comtesse de Chaligny.
Muley-Hacan, souverain de Tunis, de la dynastie des Hastides.
Murat (Joachim), grand-duc de Clèves et de Berg, maréchal de France.
Murillo (Bartolomeo-Esteban), peintre.
Naissance du roi de Rome.
Nangis (Antoine de Brichanteau, marquis de), amiral de France.
Nanteuil (Jean de, dit frère Jean de Nanteuil), amiral.
Napoléon, empereur des Français.
Narbonne (Amaury, dixième du nom, vicomte de), amiral.
Nassau (Maurice de), stathouder de Hollande.
Nassau (Amélie de), duchesse de Bavière.

Chaque planche. . . . . net. 0 fr. 75

Portraits du Musée de Versailles.

Nassau (Philippe-Guillaume de), prince d'Orange.
Navailles (Philippe de Montault, deuxième du nom, duc de), maréchal.
Navailles (Suzanne de Beaudan, duchesse de).
Navarre (Pierre de), comte de Mortain.
Nelson (Horace), amiral anglais.
Nemours (Charles-Emmanuel de Savoie, duc de), gouverneur du Lyonnais.
Nevers (Catherine de Lorraine, duchesse de).
Nevers (Marguerite de Bourbon, duchesse de).
Ney (Michel), prince de la Moskowa, maréchal de France
Idem (Sous-lieutenant).
Nicolaï (Antoine-Chétien, chevalier de), maréchal.
Nicole (Pierre), théologien.
Noailles (Adrien-Maurice, duc de), maréchal de France.
Noailles (Anne-Jules, duc de), maréchal de France.
Noailles (Louise Boyer, duchesse de).
Nocret le père (Jean), peintre.
Orgemont (Pierre d'), chevalier, seigneur de Méry et de Chantilly, chancelier de France.
Orléans (Anne-Marie-Louise d') (Mlle de Montpensier).
Orléans (Auguste-Marie-Jeanne de Baden-Baden, duchesse d').
Orléans (Blanche de France, duchesse d').
Orléans (Charles d'Orléans, duc d') et de Milan.
Orléans (Elisabeth d') (Mlle d'Alençon), duchesse de Guise et de Joyeuse.
Orléans (Charles d'Orléans, duc d').
Orléans (Ferdinand-Philippe, duc d'), prince royal.
Orléans (François d'). prince de Joinville.
Orléans (Françoise-Madeleine d') (Mlle de Valois), duchesse de Savoie.
Orléans (Françoise-Marie de Bourbon (Mlle de Blois), duchesse d').
Orléans (Hélène de Mecklembourg-Schwerin, duchesse d'), et son fils, le comte de Paris.
Orléans (Henri), duc d'Aumale.
Orléans (Léonor d'), duc de Longueville et d'Étouteville, etc., pair et grand chambellan de France.
Orléans (Louis d'Orléans, duc d'), premier prince du sang.
Orléans (Louis), duc de Nemours.
Orléans (Louis Philippe-Albert d'), comte de Paris. (Enfant).
Orléans (Louis-Philippe d'Orléans, duc d'), de Valois, de Chartres, etc.
Orléans (Louis-Philippe-Joseph d'Orléans, duc d'), de Valois et de Chartres, amiral.
Orléans (Louis-Philippe-Joseph d'Orléans, duc d'), de Valois et de Chartres, amiral (sa famille).
Orléans (Louise-Henriette de Bourbon, duchesse d').
Orléans (Louise-Marie-Adélaïde de Bourbon, duchesse d') (Mlle de Penthièvre).
Orléans (Marguerite de Lorraine, duchesse d'), (Madame).
Orléans (Marie-Louise d'), Mlle d'Orléans, grande duchesse de Toscane.
Orléans (Marie de Bourbon-Montpensier, duchesse d').
Orléans (Philippe d'Orléans, duc d'), de Valois, etc., régent du royaume.
Orléans (Philippe d'). comte des Vertus.
Ornano (Alphonse, Corse, dit), maréchal.
Orry (Philibert), contrôleur général des finances.
Ossat (Arnaud d'), cardinal.
Oudinot (Charles-Marie), duc de Reggio, maréchal de France.
Outremont (Charles-Nicolas-Alexandre, comte d') évêque et prince de Liège.
Pacheco d'Alcalona (Béatrix), comtesse de Monthel.
Parisot de La Valette (Jean), grand-maître de l'ordre de Saint-Jean de Jérusalem ou de Malte.
Pasquier (Étienne), magistrat.
Patru (Ollivier), avocat.
Paul (Jove), historien.
Paul Ier (Petrowisch), empereur de Russie.
Paul V (Camille Borghèse), pape.
Pépin (le Bref), roi des Francs.
Percier (Charles), architecte.
Perier (Casimir), président du conseil des ministres.

Pérignon (Dominique-Catherine, marquis de), maréchal de France.
Périlleux (François de), amiral.
Perrault (Charles) de l'Académie française.
Perrault (Claude), médecin et architecte
Perrenot (Antoine), cardinal de Granvelle.
Perronet (Jean-Rodolphe), ingénieur des ponts et chaussées.
Pétrarque (François), poète.
Phelipeaux (Paul), seigneur de Pontchartrain, secrétaire d'État.
Phelipeaux (Raymond), ministre secrétaire d'État.
Philelphe (François), savant.
Philippe Ier, roi de France.
Philippe II (Philippe-Auguste), roi de France.
Philippe II, roi d'Espagne et de Portugal.
Philippe III (le Hardi), roi de France.
Philippe III (dit le Bon), duc de Bourgogne.
Philippe IV (le Bel), roi de France.
Philippe IV, roi d'Espagne.
Philippe V (le Long), roi de France.
Philippe V (Philippe de France, duc d'Anjou), roi d'Espagne.
Philippe VI (de Valois), roi de France.
Philippe d'Artois, comte d'Eu, connétable de France.
Philippe de Bavière, comte palatin du Rhin.
Philippe de France, duc de Bourgogne, surnommé le Hardi.
Pic de La Mirandole (Jean), savant et philologue.
Pichegru (Jean-Claude), général en chef.
Pie V (Michel Chisleri), pape.
Pie VI (Jean-Ange Braschi), pape.
Pie VII (Barnabé Chiaramonti), pape.
Pierre III, empereur de Russie.
Pierre l'Ermite.
Pinto (Emmanuel de Fonséca), grand-maître de l'ordre de Malte.
Pisseleu (Anne de), duchesse d'Étampes.
Pithou (Pierre), jurisconsulte.
Pizarre (François), navigateur.
Platine (Barthélemi, dit Sacchi).
Plessis Praslin (César, duc de Choiseul, comte de), maréchal de France.
Plessis-Liancourt (Anne de), dame de Coulange.
Poix (Jeannot de), amiral.
Polignac (Melchior de), cardinal, académicien.
Politien (Angelo Ambrogini, dit), poète et prosateur.
Polus (Renaud Pole ou Pool, dit), cardinal, archevêque de Cantorbéry.
Pomponius Lætus (Julius), savant.
Poncher (Louis), trésorier de France.
Poniatowski (Joseph, prince de), maréchal de France.
Portalis (Jean-Étienne-Marie, comte de), ministre des cultes.
Poussin (Nicolas), peintre.
Puységur (Jean-François de Chastenet, marquis de), maréchal de France.
Quieret (Enguerrand de), amiral.
Quieret (Hugues), amiral.
Quinault (Philippe), poète.
Rabelais (François), médecin.
Racine (Jean), poète tragique.
Raiz (Gilles de Laval, seigneur de), maréchal de France.
Rambouillet (Charles d'Angennes, cardinal de).
Rameau (Jean-Baptiste), compositeur.
Ramus (dit Pierre la Ramée), philosophe.
Randan (Charles de La Rochefoucault, comte de).
Randan (Madeleine-Charlotte d'Albert d'Ailly, duchesse de).
Randjet-Sing-Baadourg, maaradja de Lahore et de Cachemire.
Rantzau (Josias, comte de), maréchal de France.
Raoul ou Rodolphe, roi de France.
Raphael Sanzio, peintre.
Rapp (Jean, comte), général en chef.
Raymond IV (Raymond de Saint-Gilles), comte de Toulouse.
Réaumur (René-Antoine Ferchault de).
Recourt (Charles de), dit de Lens, amiral.
Regnard (Jean-François), poète comique.

Chaque planche . . . . net. 0 fr. 75

Portraits du Musée de Versailles.

Régnier (Claude-Ambroise), duc de Massa.
Renaudot (Eusèbe), académicien.
Réné, seigneur de Montejun, maréchal.
Réné-Lebon, comte d'Anjou et de Provence, duc de Lorraine et de Sicile.
Rénée de France, duchesse de Ferrare, de Modène et de Reggio
Rénée d'Orléans, comtesse de Dunois.
Retz (Albert de Gondi, duc de), maréchal de France.
Revol (Louis de), secrétaire d'État.
Reynier (Jean-Louis-Ebnezer), comte, commandant, en 1812, le 7ᵉ corps de la grande armée.
Ricciarde (Béatrix d'Este), duchesse de Modène et de Massa, princesse de Carrara.
Richard Iᵉʳ (Cœur de Lion).
Richardot (Jean Grasset, dit), et son fils.
Richelieu (Armand Jean du Plessis, cardinal, duc de).
Richelieu (Armand-Jean du Plessis, cardinal, duc de).
Richelieu (Louis-François-Armand du Plessis, duc de), maréchal de France
Richemond (Arthus de Bretagne, deuxième du nom, comte de), connétable.
Rieux (Jean, deuxième du nom, sire de).
Rigaut (Hyacinthe), peintre.
Riquet (Pierre-Paul de), seigneur du Canal de Languedoc.
Robert de France, comte de Clermont.
Robert II (le Pieux).
Robert de France, comte d'Artois.
Robert III, surnommé Courtebouse, duc de Normandie.
Robert Guiscard, duc de la Pouille et de Calabre.
Robert ou Rupert de Bavière, duc de Cumberland, prince palatin du Rhin.
Rochambeau (Jean-Baptiste Donation de Vimeur, comte de), maréchal de France.
Rochefort (Pierre de Rieux, dit de), maréchal.
Rodolphe II, empereur d'Allemagne.
Roger Iᵉʳ, comte de Sicile.
Rohan (Anne de), princesse de Guéméné.
Rohan (Henri de Rohan, deuxième du nom, duc de), colonel général des Suisses et des Grisons.
Roland (Marie-Jeanne-Philippon, madame).
Roquelaure (Antoine, seigneur de), maréchal.
Rousseau (Jean-Baptiste), poète lyrique
Roussin (Albert-Reine, baron), amiral.
Rubens (Pierre Paul), peintre.
Ruyter (Michel), amiral hollandais.
Ruzé (Martin), secrétaire d'État.
Sabellicus (Marc-Antoine), historien et savant.
Sadolet (Jacques), cardinal
Sainctot (Nicolas), introducteur des ambassadeurs.
Saint-Aignan (François de Beauvilliers, duc de), de l'Académie française.
Saint-Gelais (Louis de) seigneur de Lansac.
Sainte Geneviève, patronne de Paris.
Saint Germain d'Auxerre, évêque.
Saint Louis (de Sicile), évêque de Toulouse
Saint-Mégrin (Paul de Stuer de Caussade, seigneur de).
Saint Pol (Louis de Luxembourg, comte de), connétable de France
Saint-Vincent John-Jervis de), amiral anglais.
Sancerre (Louis de Champagne, comte de), connétable de France.
Santeuil (Jean-Baptiste de), poète latin.
Sarazin (Jacques), sculpteur.
Sartine (Antoine-Raimond-Jean-Gualbert-Gabriel de), ministre secrétaire d'État de la marine.
Saveuse (Jeanne), comtesse d'Eu.
Savoie (Eugène-François de) le prince Eugène).
Savonarole (frère Jérome), dominicain.
Saxe (Arminius-Maurice, comte de), maréchal de France.
Saxe-Weimar (Bernard, duc de).
Scherer (Barthélemy-Louis Joseph), général en chef.
Schomberg (Charles de), duc d'Halwid, etc., maréchal de France.
Schomberg (Frédéric-Armand, comte de), maréchal de France.
Schomberg Gaspard de), comte de Nanteuil, intendant des finances.
Schomberg (Henri de), comte de Nanteuil, maréchal.

Schulemberg (Jean de), deuxième du nom, comte de Montdejeu, maréchal.
Sébastiani (François-Horace, comte), maréchal de France.
Segrais (Jean Regnaud, seigneur de), académicien.
Séguier (Pierre), chancelier et garde des sceaux de France.
Ségur (Philippe-Henri, marquis de), maréchal de France.
Sérurier (Jean-Matthieu-Philibert, comte), maréchal de France.
Sibille de Clèves, électrice de Saxe.
Sigonius (Charles), savant italien.
Sixte Quint (Félix Peretti), pape.
Sophie-Alexiewna, co-régente de Russie.
Sophie Augusta, princesse d'Angleterre.
Sophie-Charlotte Meklembourg-Strelitz, reine d'Angleterre.
Soubise (Charles de Rohan, prince de), duc de Rohan-Rohan, maréchal de France.
Soufflot (Jacques-Germain), architecte.
Soult (Jean-de-Dieu), duc de Dalmatie, maréchal de France
Soursis (Anne de Rostaing), baron de).
Spinola (Ambroise, marquis de), capitaine général des armées du roi d'Espagne.
Stanislas Iᵉʳ (Stanislas Leczinski), roi de Pologne.
Strozzi (Philippe), seigneur d'Épernay.
Strozzi (Pierre, seigneur d'Épernay, maréchal.
Suchet (Louis-Gabriel), duc d'Albuféra), maréchal de France.
Sully (Maximilien de Béthune, duc de), maréchal de France.
Tallard (Camille, duc d'Hostun, comte de), maréchal.
Talleyrand-Périgord (Charles-Maurice de), prince de Bénévent.
Tancrède, prince de Tibériade.
Tanneguy-Duchatel, chambellan de Charles VII, grand-chambellan de Provence.
Tardieu (Nicolas-Henri), graveur.
Tavannes (Gaspard de Saulx, seigneur de), maréchal de France.
Tencin (Pierre Guérin, seigneur de), cardinal, archevêque de Lyon.
Termes (Paul de La Barthe, seigneur de), maréchal.
Terray (Joseph-Marie, abbé), contrôleur général des finances.
Testelin Louis), peintre et graveur.
Tharreau (Jean-Victor, baron).
Thémines (Pons de Lauzières, marquis de), maréchal.
Thierry Iᵉʳ, roi des Francs.
Thierry II (de Chelles), roi des Francs.
Thomas (Antoine-Léonard), académicien.
Thomas-Morus, grand chancelier d'Angleterre.
Thomas de Savoie, prince de Carignan.
Thou (Jacques-Auguste de), conseiller d'État, historien du roi.
Tintoret (Giacomo Robusti, dit le), peintre.
Tocy (Othon de), amiral.
Toiras (Jean du Caylard de Saint-Bonnet, marquis de) maréchal de France.
Tolet (François), de la compagnie de Jésus, cardinal.
Touchet (Marie), duchesse d'Entragues, etc.
Toulouse (Louis-Alexandre de Bourbon, comte de), amiral.
Toulouse (Marie-Victoire-Sophie de Noailles, comtesse de), née en 1688.
Tournefort)Joseph Piton de), botaniste.
Tournières (Robert), peintre
Tourneville (Anne-Hilarion de Costentin, comte de, maréchal de France.
Tresmes (Marguerite de Luxembourg, duchesse de).
Tresmes (René Potier, duc de), et de Gesvres, pair de France.
Trie (Renaud de), amiral.
Triest (Antoine), évêque de Gand et conseiller d'État des Pays-Bas.
Tristan (Gentian), amiral.
Trivulce (Jean-Jacques), marquis de Vigevano.
Trivulce (Théodore), comte de Cauria.
Truguet (Laurent-Jean-François, comte), amiral.

Chaque planche . . . . net. 0 fr. 75

Portraits du Musée de Versailles.

Turenne (Henri de La Tour-d'Auvergne, vicomte de), maréchal de France.
Ulrique (Eléonore, reine de Suède.
Ultrogothe, reine des Francs, femme de Childebert Ier.
Urbain VII (Jean-Baptiste Castagna), pape.
Urbain VIII (Maffeo Barberini), pape.
Urbin (Laurent de Médicis, deuxième du nom, duc d').
Ursins (Marie-Anne de la Trémoille, princesse des).
Valbelle (Jean-Baptiste de), chef d'escadre.
Valée (Sylvain-Charles, comte), maréchal de France.
Valentine de Milan, duchesse d'Orléans.
Valincourt (Jean-Baptiste-Henri du Trousset de), académicien.
Van der Werf (le chevalier Adrien), peintre.
Van Dick (Antoine), peintre.
Vangest (Marguerite de), maitresse de Charles-Quint.
Vanloo (Carlo-Andrea), peintre, et sa famille.
Vanloo (Louis-Michel), peintre.
Vauban (Sébastien-le-Prestre, seigneur de), maréchal de France.
Vaugelas (Claude Favre de), académicien.
Vaux (Noël de Jourda, comte de).
Vélasco (Francisco de), général espagnol.
Vendôme (Charles de Bourbon, duc de), pair de France, gouverneur de Paris.
Vendôme (François de Bourbon, comte de).
Vendôme (Laure Mancini, duchesse de), et Mercœur.
Vendôme (Louis-Joseph, duc de) et Mercœur.
Vendôme (Marie-Anne de Bourbon, Mlle d'Enghien, duchesse de).
Vernet (Claude-Joseph), peintre.
Vettori (Pierre), savant italien.
Vienne (Jean de), seigneur de Colland, amiral.
Villaret (Claude), historien.

Villaret de Joyeuse (Louis-Thomas, comte), vice-amiral.
Villars (André-Baptiste de Brancas, seigneur de), amiral de France.
Villars (Honorat de Savoie, marquis de), amiral de France.
Villars (Louis-Claude-Hector, duc de), maréchal de France.
Villeroy (François de Neufville, duc de), maréchal de France.
Villeroy (Marie-Marguerite de Cossé, duchesse de).
Villeroy (Nicolas de Neufville, cinquième du nom, duc de), maréchal de France.
Villiers de l'Ile-Adam (Philippe de), grand-maitre de l'ordre de Saint-Jean de Jérusalem.
Vincent de Paul (Saint)
Vioménil (Charles-Joseph-Hyacinthe du Houx, marquis de), maréchal de France.
Vitry (Lucrèce-Marie Bouyer de Beaumarchais, duchesse de).
Vitry (Nicolas de L'Hôpital, duc de), maréchal de France.
Vivonne Mortemart (Louis-Victor de Rochechouart, duc de), maréchal
Voiture (Vincent), académicien.
Voltaire (François-Marie Arouet de).
Vouet (Simon), peintre.
Warham (Guillaume), archevêque de Cantorbéry.
Wieilleville (François de Scepeaux, seigneur de), maréchal.
Wurtemberg (Marie d'Orléans, duchesse de), et son fils.
Xaintrailles (Jean, dit Poton, seigneur de), maréchal de France.
Zacharie (Benoist), amiral.

Chaque planche . . . . net. 0 fr. 75

MAGNIFIQUES PORTRAITS EN PIED

D'après WINTERHALTER

Chaque planche, au lieu de 20 fr. . . . . net. **1 fr.** »

Le roi Louis-Philippe, gravé par Prudhomme. — La reine Marie-Amélie, gravé par Lefèvre. — La duchesse d'Orléans et le comte de Paris, gravé par Lefèvre. — La princesse Marie d'Orléans, duchesse de Wurtembert, gravé par Lefèvre. — Le duc de Nemours, gravé par Pannier. — Le roi des Belges, Léopold Ier, gravé par G. Lévy. — Le comte de Paris, par Gaitte. (Épreuve sur blanc.)

Ces superbes portraits exécutés de 1830 à 1848, en même temps que les Galeries de Versailles, sont vendus à un prix exceptionnel ; nous engageons nos lecteurs à profiter de suite de ces occasions.

<table>
<tr><td>

LA

PRISE DE LA SMALAH

D'ABD-EL-KADER

(16 mai 1843)

Magnifique gravure reproduisant le célèbre tableau d'HORACE VERNET.

Feuille de 1m,40×0m,65. Au lieu de 40 fr., net. **25 fr**

</td><td>

LA

BATAILLE D'ISLY

(14 août 1844)

Peint par HORACE VERNET.

Très belle planche gravée par Burdet, mesurant 0m,90×0m,65.

Au lieu de 25 fr., net. **15 fr.**

</td></tr>
</table>

REVUE DE LA GARDE NATIONALE

(28 juillet 1835)

Peint par EUGÈNE LAMI.

Splendide planche gravée par Girardet. Feuille mesurant 1m,31 × 0m,49.

Au lieu de 30 fr., net. . . . . net. **15 fr.**

ALBUMS
DU
MUSÉE DE VERSAILLES

Réunion en Albums des plus intéressantes planches du Musée.

Chaque période est réunie dans un carton portefeuille, titre or, format 36 × 49.

De 496 à 1270
Album de 31 planches. Au lieu de 46 fr. . . . . net. **8 fr.**

Bataille de Tolbiac. Bataille de Tours. Charlemagne dicte des capitulaires. Charlemagne reçoit la soumission de Witikind. Eudes, comte de Paris, fait le siège de Paris. Levée du siège de Salerne. Henri de Bourgogne reçoit l'investiture du comte de Portugal. Beaudouin s'empare de la ville d'Edesse. Godefroy de Bouillon élu roi de Jérusalem. Godefroy de Bouillon suspend aux voûtes de l'église du St-Sépulcre les trophées d'Ascalon. Funérailles de Godefroy de Bouillon sur le Calvaire. Institution de l'ordre de St-Jean de Jérusalem. Institution de l'ordre du Temple. Prédication de la deuxième croisade à Vézelay. Louis VII va prendre l'oriflamme à St Denis. Prise de Lisbonne. Louis VII force le passage de Méandre. Louis VII se défend contre plusieurs Sarrasins. Prise d'Ascalon par Baudouin III. Bataille de Putahs. Ptolémaïs remise à Philippe-Auguste et à Richard Cœur de Lion. Marguerite de France, reine de Hongrie, mène les Hongrois à la croisade. Geoffroi de Villehardouin demande à Venise des vaisseaux pour transporter les croisés en Palestine. Prise de Constantinople. Baudouin, comte de Flandre, couronné empereur de Constantinople. Bataille de Bouvines. Bataille de Taillebourg. Saint-Louis rendant la justice sous un chêne de Vincennes. Saint-Louis médiateur entre le roi d'Angleterre et ses barons. Saint-Louis reçoit à Ptolémaïs les envoyés du vieux de la Montagne. Mort de saint Louis.

De 1304 à 1579
Album de 31 planches. Au lieu de 46 fr. . . . . net. **8 fr.**

Bataille de Mons-en-Puelle. Prise de Rhodes, Bataille navale gagnée par les chevaliers de St-Jean. Etats généraux de Paris. Bataille de Cassel. Bataille navale d'Embro, gagnée par les chevaliers de Rhodes. Bataille de Cocherel. Prise de Châteauneuf de Randon et mort de Duguesclin. Bataille de Rosebecque. Le maréchal de Boucicaut fait lever au sultan Bajazet le siège de Constantinople. Jeanne d'Arc présentée à Charles VII. Levée du siège d'Orléans. Prise de Jargeau. Sacre de Charles VII. Entrée de l'armée Française à Paris. Bataille de Bratelen ou de St-Jacques. Entrée des Français à Bordeaux. Bataille de Castillon. Entrée de Charles VIII à Naples. Bataille de Fornoue. Clémence de Louis XII. Louis XII, les états généraux de Tours. Bataille d'Agnadel. Prise de Brescia par Gaston de Foix. Bataille de Ravennes. Chapitre général de l'ordre de St-Jean de Rhodes. Bataille de Marignan. Entrevue du camp du Drap d'or. Entrée de l'ordre des chevaliers de St-Jean à Viterbe. Bataille de Cerisoles. Combat de Ranty, Henri II donne le collier de son ordre au maréchal de Tavannes. Prise de Calais par les ducs de Guise. Prise de Thionville. Intitution de l'ordre du St-Esprit.

De 1594 à 1670
Album de 32 planches, Au lieu de 47 fr. . . . . net. **9 fr.**

Entrée de Henri IV à Paris. Henri IV reçoit des chevaliers de l'ordre du St-Esprit. Prise du fort de Montmelian. Les plans du Louvre déployés devant Henri IV. Levée du siège de l'île de Ré. Prise de La Rochelle. Bataille d'Avein. Bataille de Lérida. Bataille de Rocroy. Bataille de Fribourg. Bataille de Florens. Siège de Dunkerque. Louis XIV reçoit chevalier du St-Esprit, son frère Monsieur. Bataille des Dunes. Le roi entre à Dunkerque. Mariage de Louis XIV et de Marie-Thérèse d'Autriche. Les clefs de Marsal remises au roi. Réparation faite au roi, au nom du pape Alexandre VII. Fondation de l'Observatoire. Prise de Charleroi. L'armée du roi campée devant Tournay. Siège de Tournay. Siège de Douay. Siège d'Oudenarde. Entrée de Louis XIV et de la reine Marie-Thérèse à Arras et à Douay. Siège de Lille. Combat près du canal de Bruges. Prise de Dôle. Le roi Louis XIV visite les manufactures des Gobelins.

De 1672 à 1684
Album de 35 planches. Au lieu de 48 fr. . . . . . . net. **10 fr.**

Prise d'Orsoy. Siège de Rhimberg. Prise de Rées. Prise de Santen. Passage du Rhin. Prise d'Utrecht, de Nimègue. Sièges de Naerden, de Maëstricht. Prise de Gray (Franche-Comté). Combat de Sintzheim. Prise de Salin. Prise du fort de Joux. Etablissement de l'hôtel des Invalides.

Albums du Musée de Versailles.

Prise de Dinan. Siège et prise de Limbourg. Mort de Turenne. Combat naval d'Augusta en Sicile. Prise de Condé. Prise de la ville d'Aire. Siège de Valenciennes. Valenciennes prise d'assaut par le roi. Reddition de la citadelle de Cambrai. Bataille de Cassel. Prise de Cambrai. Siège de Fribourg. Prise d'Ypres. Prise de Leuw. Prise de Chio. Louis de France, duc de Bourgogne présenté au roi. Bombardement d'Alger par Duquesne. Bombardement de Gênes. Siège de Luxembourg. Prise de Luxembourg. Combat d'un vaisseau français contre trente-cinq galères d'Espagne.

De 1685 à 1712
Album de 34 planches. Au lieu de 47 fr. . . . . . . net. **10 fr.**

Réparation faite au roi par le doge de Gênes. Bombardement de Tripoli. Bombardement d'Alger par le maréchal d'Estrées. Combat de la baie de Bautry. Bataille navale de Beveziers. Prise de Mons. Siège de la ville et des châteaux de Namur. Institution de l'ordre militaire de Saint-Louis. Combat naval de Lagos ou de Cadix. Expédition de Malaga. M. de Goëtlogon à Gibraltar. Bataille de Nervinde. Bataille de Marsaille. Combat naval du Texel. Combat dans la mer du Nord. Bombardement de Carthagène. M. de Pointis avec cinq vaisseaux attaque sept vaisseaux anglais. Prise de trois vaisseaux anglais par M. de Nesmond. Mariage de Louis de France et de Marie-Adélaïde de Savoie. Philippe de France, duc d'Anjou. Prise d'un vaisseau hollandais par les galères de France à la hauteur d'Ostende. Prise de quinze vaisseaux hollandais par neuf vaisseaux français. M. de Coëtlogon prend quatre vaisseaux hollandais Combat du chevalier de Saint-Pol contre une escadre hollandaise. Bataille navale de Malaga. Combat naval livré par le chevalier de St-Pol contre les Anglais. Combat naval livré par le chevalier des Augers contre les Hollandais. Combat dans la mer du Nord. Combat dans la Manche. Combat du cap Lezard. Prise de Lerida. Bataille de Villaviciosa. Prise de sept vaisseaux anglais, hollandais et catalans par M. de l'Aigle. Prise de Rio-Janeiro. Bataille de Denain.

De 1719 à 1789
Album de 35 planches. Au lieu de 48 fr. . . . . . . net. **14 fr.**

Camp de l'armée française entre St-Sébastien et Fontarabie, quartier du prince de Conti. Sacre de Louis XV. Prise de Menin. Bombardement de Fribourg. Siège de Fribourg. Attaque de huit. Siège de Tournay, le roi visite le camp. Bataille de Fontenoy. Siège d'Ath. Bataille de Lawfeld. Siège de Berg-op-Zoom. Combat du vaisseau l'*Intrépide* contre plusieurs vaisseaux anglais. Siège de Maëstricht. Siège et prise du fort de St-Philippe (Port-Mahon). Bataille d'Hastembeck. Bataille de Lutzelberg. Bataille de Johannisberg. Combat de la *Belle-Poule* contre la frégate anglaise l'*Aréthuse*. Combat naval d'Ouessant. Combat de la *Concorde* contre la frégate anglaise la *Minerve*. Combat de la *Junon* contre la frégate anglaise le *Fox*. Combat du *Triton* contre le vaisseau anglais le *Jupiter* et la frégate anglaise la *Médée*. Combat de la *Minerve* contre deux vaisseaux et deux frégates anglais. Combat naval de l'île de la Grenade. Combat de la *Surveillante* contre la frégate anglaise le *Québec*. Combat naval en vue de la Dominique. Combat naval de la Praya. Combat naval en vue de Negapatam. Combat entre les frégates françaises la *Nymphe* et de l'*Amphitrite* contre le vaisseau anglais l'*Argo*. Combat naval en vue de Gondelour. Siège d'York-Town, le général Rochambeau et Washington donnent les derniers ordres pour l'attaque. Louis XVI donne des instructions à M. La Pérouse pour son voyage autour du monde. Louis XVI abandonne les droits du domaine sur les Laisses de Mer aux riverains de la Guyenne. Louis XVI distribue des secours aux pauvres. Procession des Etats généraux (2 planches). Ouverture des Etats généraux à Versailles.

De 1792 à 1794
Album de 36 planches. Au lieu de 50 fr. . . . . . . net. **14 fr.**

La garde nationale part pour l'armée. Bataille de Valmy. Prise de Chambéry. Prise de Villefranche, invasion du comté de Nice. Entrée de l'armée française à Mayence. Bataille de Jemmapes. Entrée de l'armée française à Mons. Combat dans les défilés de l'Argone. Combat d'Anderlecht. Combat de Varoux. Prise de Bréda. Prise de Gertruydenberg. Combat de Tirlemont et de Goyzenhoven. Prise du camp de Pérulle. Combat du Mas de Roz. Bataille de Hondschootte. Bataille de Peyrestortes. Entrée de l'armée française à Moutier. Siège de Toulon, investissement de la place. Bataille de Wattignies. Combat de Gillette. Prise de Menin. Combat de Verdet. Combat d'Arlon. Prise du petit Saint-Bernard. Combat de Moucron. Prise du camp de Boulou. Combat de Turcoing. Prise d'Ypres. Combat de la Croix-des-Bouquets. Prise de Charleroi. Bataille de Fleurus. Prise d'Anvers. Combat d'Aldenhoven, prise de Juliers. Prise de Maëstricht. Attaque des lignes de l'armée espagnole, bataille de la Muga. Prise de l'île de Bommel.

De 1795 et 1796
Album de 35 planches. Au lieu de 48 fr. . . . . . . net. **14 fr.**

La cavalerie française prend la flotte batave gelée dans le Texel. Passage du Rhin à Dusseldorff. Combat de Sucarello. Prise de Loano Ville et château de Nice. Bonaparte reçoit à Millesimo les drapeaux enlevés à l'ennemi. Arrivée de l'armée française à Albenga. Vue de Savonne au moment de l'entrée de l'armée française. Combat de Voltri. Le colonel Rampon, à la tête de la

Albums du Musée de Versailles.

32ᵉ demi-brigade, défend la redoute de Montelegino. Bataille de Montenotte. Entrée de l'armée française à Carcare. Prise du château de Cossaria. Attaque du château de Cossaria. Prise de Dégo. Prise de la ville de Seva, évacuation du camp retranché. Prise des hauteurs de Saint-Michel. Bataille de Mondovi. Bombardement et Prise de Fossano. Entrée de l'armée française à Alba-Pompeia. Entrée de l'armée française à Coni. Passage du Pô vis-à-vis de Plaisance. Bataille de Lodi. Passage de l'Assa. Prise de Bignasco. Bataille d'Altenkirchen. Passage du Rhin à Kehl. Combat de Salo. Bataille de Lonato. Bataille de Castiglione. Prise du château de la Pietra. Combat du pont de Lavis. Prise du village de Primolano. Passage de la Brenta et prise du fort de Covelo. Bonaparte au pont d'Arcole. Bataille d'Arcole.

De 1797 à 1799

Album de 51 planches. Au lieu de 75 fr. . . . . . . net. **18** fr.

Bataille de Rivoli. (Le général Joubert). Bataille de Rivoli. Combat dans le défilé de la Madona della Corona. Combat d'Anghiari. Bataille de la Favorite. La garnison de Mantoue met bas les armes devant Serrurier. Prise d'Ancône. Combat dans les gorges du Tyrol. Préliminaires de la paix signée à Leoben. Bataille de Newfield. Mort de Marceau. Débarquement de l'armée française en Egypte. Bataille des Pyramides. Bonaparte fait grâce aux révoltés du Caire. Combat de la *Bayonnaise* contre la frégate anglaise l'*Embuscade*. Bonaparte visite les fontaines de Moïse. Halte de l'armée française à Sienne (Haute-Egypte). Combat de Benouth. Bonaparte visite les pestiférés de Jaffa. Combat de Nazareth. Bataille du Mont-Thabor. Bataille d'Aboukir. Bataille de Zurich. Passage de Limath. Passage de la Linth à Bitten. Combat du pont de Nœffels. Combat de Wesen. Position et combat de Glaris. Le dix-huit brumaire.

De 1800 à 1803

Album de 31 planches. Au lieu de 46 fr. . . . . . . net. **10** fr.

Prise des hauteurs à l'est de Gênes. Prise des hauteurs au nord de Gênes. Combat de Stockach. Bataille d'Héliopolis. L'armée française traverse le grand Saint-Bernard. Passage du grand Saint-Bernard. Le premier consul visite l'hôpital du mont Saint-Bernard. L'armée française descend le Saint-Bernard. Marche de l'armée française pour entrer dans la vallée d'Aoste. L'armée française traverse le défilé d'Albaredo. Passage de l'artillerie française sous le fort de Bard. Prise de la ville et de la citadelle d'Ivrée. Passage de la Chiusella. Vue de Verceil. Bombardement et prise du fort de Bard. Prise du pont de Leccho. Bataille de Montebello, 2ᵉ attaque, passage du Capo. Bataille de Marengo. Convention après la bataille de Marengo. Marche de l'armée française en Italie. Bataille d'Hochestest. Reprise de Gênes. Bataille de Hohenlinden. Passage de l'Inn. Passage du Mincio. Bataille de Pozzolo. Combat naval dans la baie d'Algésiras. Combat naval devant Cadix. La consulta de la République Cisalpine décerne la présidence au premier consul Bonaparte. Entrée de Bonaparte à Anvers.

De 1800 à 1804

Album de 35 planches. Au lieu de 48 fr. . . . . . . net. **14** fr.

Napoléon reçoit à Saint-Cloud le sénatus-consulte qui le proclame empereur des Français. Napléon aux Invalides distribue les croix. Camp de Boulogne. Entrevue de Napoléon et du pape Pie VII dans la forêt de Fontainebleau. Sacre de l'empereur Napoléon et l'impératrice Joséphine. Napoléon reçoit au Louvre les députés de l'armée. Napoléon donne des aigles à l'armée. L'armée française passe le Rhin à Strasbourg. Napoléon reçu à Ettlinchen par le prince électeur de Bade. Napoléon reçu au château de Louisbourg par le duc de Wurtemberg. Combat de Wertingen. Entrée des Français à Munich. Combat de Wertingen. Combat d'Aïcha, près Augsbourg. Combat de Landsberg. Capitulation de Memmingen. Combat d'Elchingen. Reddition d'Ulm. Vue de la ville d'Augsbourg. Vue de la ville de Lintz. Passage de la Fraan à Lambach. Combat de Steyer. L'armée française marchant sur Vienne. Combat d'Amstettin. Napoléon rend honneur au courage malheureux. Le maréchal Ney remet aux soldats du 76ᵉ régiment de ligne leurs drapeaux retrouvés à Inspruck. Combat de Diernssein. Passage du Danube près Vienne. Napoléon reçoit les clefs de la ville de Vienne. Combat de Dierustein. Bataille d'Austerlitz. Bivouac de l'armée française la veille au soir d'Austerlitz. Napoléon donnant l'ordre avant la bataille d'Austerlitz. Bataille d'Austerlitz. Entrevue de Napoléon et de François II après Austerlitz. Le 1ᵉʳ bataillon du 4ᵉ régiment de ligne remet à l'empereur deux étendards pris à Austerlitz.

De 1806 à 1807

Album de 30 planches. Au lieu de 45 fr. . . . . . . net. **13** fr.

Entrevue de Napoléon et du prince Primat. Combat de la *Cannonière* contre le vaisseau anglais le *Fremondons*. Combat de Saalfeld. Bataille d'Iéna. Reddition d'Erfurth. Entrée de l'armée française à Leipzig. Napoléon au tombeau du grand Frédéric. Entrée de l'armée française à Berlin. Napoléon accorde à la princesse de Hatzfeld la grâce de son mari. Capitulation de Prentzlow. Capitulation de Magdebourg. Passage de la Vistule à Thorn. Combat d'Eylau. Attaque du cimetière. Bataille d'Eylau. Bivouac d'Osterode. Prise de Dirschau. Napoléon à Osterode accorde des grâces aux habitants. Siège de Dantzig. Napoléon reçoit à Feinkeinsten l'ambassadeur de Perse. En-

Albums du Musée de Versailles.

trée de l'armée française à Dantzig. Combat de Heilsberg. Bataille de Friedland. Prise de Kœnigsberg. Hôpital militaire des Français et des Russes à Mariembourg. Siège de Graudentz. Napoléon reçoit la reine de Prusse à Tilsitt. Alexandre présente à Napoléon les Cosaques, les Baskirs. Prise de Stralsund. Mariage du prince Jerôme Bonaparte et de la princesse Frédérique Catherine de Wurtemberg. Entrée de la garde impériale à Paris après la campagne de Prusse.

De 1808 à 1811

Album de 31 planches. Au lieu de 46 fr. . . . . . . net. **13 fr.**

Conférences de Napoléon et Alexandre à Erfurth. Napoléon prescrit aux députés de Madrid de lui apporter la soumission du peuple. L'armée française traverse les défilés du Guadarrama. Napoléon à Astorga. Combat de la Corogne. Bataille d'Oporto. Combat de Tann (Bavière). Napoléon harangue les troupes bavaroises à Abensberg. Bataille d'Eckmul. Combat et prise de Ratisbonne. Combat d'Ebersberg. Bataille d'Essling. Combat de Mautern en Styrie. Bataille de Raab. Bivouac de Napoléon sur la champ de bataille de Wagram. Bataille de Wagram. Bataille de Wagram, 2ᵉ journée. Combats d'Hollabrum et de Znaïm. Bataille d'Ocana. Combat de la frégate la *Vénus* contre le *Ceylan* au vent de l'île Bourbon. Arrivée de Marie-Louise à Compiègne. Mariage de l'empereur Napoléon. Siège de Lérida. Napoléon et Marie-Louise visitent l'escadre mouillée dans l'Escaut devant Anvers. Combat du Grand-Port (île de France). Reddition de Tortose. Prise de Taragone. Combat de la *Pomone* contre les frégates anglaises l'*Alceste* et l'*Active*. Combat naval en vue de l'île d'Aix.

De 1812 à 1823

Album de 32 planches. Au lieu de 47 fr. . . . . . . net. **13 fr.**

Combat de Castalla. Bataille de Smolensk. Combat de Polotks. Bataille de la Moskowa. Défense du château de Burgos. Combat de Krasnœ. Combat naval en vue des îles de Loz. Combat de Lutzen. Batailles de Wurtchen, de Wachau, de Hanau. Combat de Champaubert. Bataille de Montmirail. Combat du bateau français le *Romulus* contre trois vaisseaux anglais à l'entrée de la rade de Toulon. Bataille de Montereau. Combat de Claye. Bataille de Toulouse. Louis XVIII aux Tuileries. Napoléon s'embarque à Porto-Ferrago pour revenir en France. Vue de Porto-Longone. Louis XVIII quitte le palais des Tuileries. Sépulcre de Napoléon à Sainte-Hélène. Prise des retranchements devant la Corogne. Combat de Campillo de Las Arenas. Prise du Trocadéro. Attaque et prise du fort de l'île Verte. Prise de Pampelune. Combat de Puerto Miravete. Prise du fort Santi Petri.

De 1824 à 1852

Album de 39 planches. Au lieu de 49 fr. . . . . . . net. **15 fr.**

Entrée du roi Charles X à Paris. Sacre de Charles X. Fac-simile. Revue de la garde nationale au Champ de Mars par le roi. Bataille de Navarin. Mort de Bisson. Entrevue du général Maison et d'Ibrahïm-Pacha. Prise de Patras. Prise de Coron. Prise du château de la Morée (Grèce). Débarquement de l'armée française à Sidi-Ferruche. Bataille de Staouelli. Bataille d'Alger par mer. Prise du fort de l'Empereur. Entrée de l'armée française à Alger. Le duc d'Orléans signe la proclamation de la lieutenance du royaume. Le duc d'Orléans part du Palais-Royal. Arrivée du duc d'Orléans sur la place de l'Hôtel-de-Ville. Lecture à l'Hôtel de ville de la déclaration des députés. Le duc d'Orléans reçoit le premier régiment de hussards. La Chambre des députés présente au duc d'Orléans l'acte qui l'appelle au trône. Le roi prête serment de maintenir la Charte. La Reine visite les blessés de Juillet. Le Roi donne des drapeaux à la garde nationale. Bivouac de la garde nationale dans la cour du Louvre. La flotte française force l'entrée du Tage. Entrée de l'armée française en Belgique. Occupation d'Ancône par les troupes françaises. Prise de Bône. Le Roi au milieu de la garde nationale. Siège de la citadelle d'Anvers. Le duc de Nemours au siège de la citadelle d'Anvers. Prise de la lunette Saint-Laurent. Combat de Doel. La garnison hollandaise met bas les armes.

De 1853 à 1840

Album de 33 planches. Au lieu de 46 fr. . . . . . . net. **14 fr.**

Le Roi sur la rade de Cherbourg. Prise de Bougie. L'armée part d'Oran. Combat du Sig. L'armée arrive à Mascara. Marche de l'armée sur Mascara. Marche de l'armée après la prise de Mascara. Combat de Sickak, province d'Oran. Première attaque de Constantine. Combat en avant de Somah. La brigade de Nemours part de Bône. L'armée arrive devant Constantine. Siège de Constantine, l'ennemi est repoussé des hauteurs. Siège de Constantine, les colonnes d'essaut se mettent en mouvement. Fac-similé de trois tableaux du siège de Constantine. Prise de la ville. Deuxième attaque de Constantine. Siège de Constantine, tableau plan. Reconnaissance de nuit devant le fort de Saint-Jean d'Ulloa. Prise du fort de Saint-Jean d'Ulloa. Vue des Portes de Fer. Passage des Portes de Fer par l'armée française. Vue générale de l'itinéraire suivi par le corps expéditionnaire en Afrique. L'armée française emporte le Feniah de Mouzaia. Combat de l'Affroun. Débarquement de Louis-Philippe à Calais. Transbordement des restes de Napoléon à Cherbourg. Funérailles de Napoléon.

Albums du Musée de Versailles.

PERSONNAGES ILLUSTRES

Chaque recueil forme un bel album, titre en or, format 36 × 49.

ROIS DE FRANCE (511 à 516)

Album de 36 planches. Au lieu de 52 fr. . . . . net. **13** fr.

Philippe IV. Louis X. Philippe III. Saint Louis. Isabelle d'Aragon. Marg. de Provence. Philippe-Auguste. Louis VIII. Louis le Jeune. Philippe Ier. Louis le Gros. Henri Ier. Philippe Ier. Robert le Pieux. Constance d'Arles. Hugues Capet. Charlemagne. Louis le Fainéant. Lothaire. Raoul ou Rodolphe. Louis IV. Eudes. Charles le Simple. Louis III. Carloman. Charles le Gros. Charles le Chauve. Louis le Bègue. Louis le Débonnaire. Dagobert Ier et IIe. Chilpéric II. Clovis II. Childéric III. Pépin le Bref. Thierry II. Childebert II. Thierry Ier. Clovis II et III. Charles Martel. Chilpéric Ier. Clotaire Ier, II et III. Caribert. Clovis. Childebert. Ultrogothe.

ROIS, PRINCES ET HOMMES CÉLÈBRES (1322 à 1830)

Album de 34 planches. Au lieu de 51 fr. . . . . net. **10** fr.

Philippe le Long. Robert de France. Ch. de France. Charles IV. Louis X et XI. Philippe VI. Charles V. Jean II. Charles VI et VII. Louis XI. Charles VIII. Louis XII. François Ier. Henri II. Catherine de Médicis. François II. Charles IX. Henri III et IV. Louis XIII et XIV. Le Régent. Louis XV. Le Dauphin. Louis XVI. Napoléon. Louis XVIII. Charles X. Louis-Philippe.

ROIS, PRINCES ET NOBLESSE (511 à 1467)

Album de 30 planches. Au lieu de 45 fr. . . . . net. **11** fr.

Clotilde. Clovis. Roger Ier. Hugues de France. Eudes Ier. Raymond IV. Tancrède. Eustache III. Robert III. Constance de Castille. Louis VII. Henri Ier. Richard Ier. Philippe II. Suger. Robert de France. Blanche de Castille. Louis VIII. Jeanne de Bourbon. Charles V. Saint-Louis. Charles de France. Jean II. Bonne de Luxembourg. Blanche de France. Jean le Bon. Jean sire de Joinville. Charles d'Artois. Marie d'Anjou. Hélène de Meung. Charles VII. Philippe de France. Duchesse de Bourgogne. Duc d'Orléans. Isabeau de Bavière. Valentine de Milan. Charles VI. Jean sans Peur. Et. de Vignoles. Charles d'Orléans. Philippe le Bon. Charles le Téméraire.

ROIS, PRINCES ET NOBLESSE (1472 à 1636)

Album de 31 planches. Au lieu de 45 fr. . . . . net. **11** fr.

Duc de Berry. Charles d'Evreux. Charles le Téméraire. Philippe le Bon. François II. Marguerite de Foy. Isabelle Bureau. Louis XI. Béatrix de Bourbon. Louis XII. Pierre de Bourbon. Charles de Bourbon. Louis d'Armagnac. Comte de Montpensier. Ferdinand V. Isabelle de Castille. Philippe Ier. Jeanne d'Aragon. Anne de Bretagne. Louis XII. Louis de Bourbon. Louis La Trémoille. Claude de France. François Ier. Charlotte de France. Charles de France. Henri d'Albert. Marguerite d'Orléans. Jeanne d'Albret. Antoine de Bourbon. Duchesse de Guise. Duc de Guise. Cl. de France. Louise de Lorraine. Henri de Lorraine le Balafré. Duchesse de Guise. Catherine de Médicis. Duc de Nemours. Elisabeth d'Autriche. Eléonore d'Orléans. Catherine de Bourbon. Charles de Condé. Prince de Conti. Henri de Bourbon. Marguerite de France. Frédéric de Nassau. Marie de Bourbon. Gaston de France. Charlotte de La Trémoille. Prince de Condé. François II. Cl. de Lorraine. Gustave Adolphe. Marie de Médicis.

ROIS, PRINCES ET NOBLESSE (1639 à 1842)

Album de 30 planches. Au lieu de 45 fr. . . . . net. **11** fr.

François de Lorraine. Louis de Lorraine. Armand de Bourbon. Henri d'Orléans. Le Grand Condé. Louis-Philippe de Lorraine d'Armagnac. Charles de Lorraine. Le Grand Dauphin. Marie de Bavière. Duc de Bourgogne. Léopold, duc de Lorraine. Charlotte d'Orléans. Louis de Bourbon. Marie de Noailles. Henri de Bourbon. Duchesse d'Orléans. Louis-Philippe, duc de Chartres. Louis, duc d'Orléans. Duchesse de Bourbon. Elisabeth de Rohan-Soubise. Louis de Bourbon, prince de Condé. Joseph, Louis, Lucien et Charles Bonaparte. Louis-Philippe, duc d'Orléans. Charles-Philippe et Marie-Adélaïde de France. Antoine-Philippe d'Orléans. Comte de Beaujolais. Ferdinand Philippe d'Orléans. Prince de Conti. Duc d'Enghien. Duc de Nemours. Duc de Berry. Prince de Joinville. Duc d'Aumale. Eugène de Beauharnais. Prince et princesse de Condé. Comte de Paris.

REINES, PRINCESSES ET FEMMES NOBLES (869 à 1746)

Album de 29 planches. Au lieu de 44 fr. . . . . net. **10** fr.

Duchesse de Guise. Duchesse de Montpensier. Berthe, reine de France. Hermentrude, femme Charles le Chauve. Blanche de Castille. Marguerite de Provence. Jeanne, reine de France. Isabelle de France. Blanche de France, de Navarre. Jeanne de France. Marie de Bourbon. Jeanne de Bourgogne, d'Evreux, de Navarre. Clémence de Hongrie. Isabeau de Bavière. Anne de Bretagne.

Albums du Musée de Versailles.

Louise de Savoie. Marie-Thérèse de France. Claude de France. Renée de France. Catherine de Médicis. Louise de Lorraine. Charlotte de la Trémoille. Christine de Lorraine. Duchesse de Nevers. Anne d'Autriche et ses enfants. Princesse de Condé. Duchesse de Bourbon. Duchesse de Savoie. Grande duchesse de Toscane. Madame, duchesse d'Orléans. Marie-Thérèse d'Autriche. Anne d'Autriche. Elisabeth d'Orléans. Mademoiselle d'Aumale. Duchesse de Bourgogne. Mademoiselle de Conti. Princesse des Ursins. Duchesse d'Orléans. Mademoiselle de Chartres.

CONNÉTABLES (1060 à 1621)
Album de 23 planches. Au lieu de 35 fr. . . . . net. **8 fr.**

A. de Montmorency. M. de Montmorency. Comte de Buchan. A. de Bretagne. Amaury de Montfort. Comte de Porcean. Philippe VI. Du Guesclin. Gautier de Brienne. Comte de La Marche. Ch. de Valois. Ph. d'Artois. Sancerre Saint-Pol. Charles de Bourbon. Duc de Montmorency. Duc de Bourbon. Henri Ier. Duc de Luynes. Duc de Lesdiguières. J. de Bourbon.

CARDINAUX ET ÉVÊQUES (512 à 1618)
Album de 25 planches. Au lieu de 37 fr. . . . . net. **8 fr.**

St-Germain. Pierre l'Ermite. St-Bernard. St-Louis d'Anjou. Jacques de Molay. Renault et Jean de Dormans. Jean Bessarion. Hermolus Barbarus. J. du Bellay. G. d'Amboise. G. Warham. Villiers de l'Isle-Adam. Pierre Bembo. De Longueil. St-Ignace de Loyola. Renault dit Paulus. Jean Fisher. R. de Lononcourt. H. d'Angoulême. Louis de Lorraine. Ch. d'Angennes. Rambouillet. Pie V. Sixte-Quint. Grégoire XIII. Ch. de Bourbon. Ch. de Lorraine Innocent IX. Léon XI. Grégoire XIV. Urbain VII. R. de Beaune. F. Tollet. Paul V. Clément VIII. J. Duperron. Ossat.

CARDINAUX ET ÉVÊQUES (1622 à 1839)
Album de 22 planches. Au lieu de 33 fr., net . . . . **8 fr.**

Dubois. de Noailles. St-François de Salles. Côme de Médicis. Bois-Dauphin. De Joyeuse. Richelieu. La Rochefoucauld. Urbain VIII. Innocent X. Alexandre VII. Étampes. St-Vincent de Paul. A. Dandilly. Mazarin. Fléchier. Massillon. Maillé. Vermandois. Toulouse Penthièvre. Fénelon. d'Estrées. Fleury Tencin. Clément XII. D'Outremont. Pinto. Bernis. Loménie de Brienne. Pie VI. Benoit XIV. J.-B. de Belloy. Pie VII. Pie VIII porté à St-Pierre. Fesch.

HOMMES D'ÉTAT ET MINISTRES (1191 à 1680)
Album de 31 planches. Au lieu de 46 fr. . . . . net. **11 fr.**

Thiébault. L. de Bourbon. P. d'Orgemont. P. Balde. Bartole. Juvénal des Ursins. Tanneguy de Chastel. Duc d'Orléans. Sancerre. Bureau de la Rivière. Du Chatel. Poncher. R. le Gendre. Villiers de l'Isle-Adam. G. de Montmorency Bertaut, La Trémoille. J.-B. Collin. Babou. Coligny. L'Hôpital Birague. Balbiano. Brisson. Cujas. Montaigne. Revol. Forget. Pithou. Pasquier. Schomberg. Phelippeaux. Retz, Groulard. Bellierre. Cheverny. Martin Ruzé. Molé. Sully. Villeroy. P. Jehannin. Mesmes. Duvair. Trieste. Mornay. Bellegarde. Washington. Cromwel. J. Mazarin. Seguier. Fouquet.

HOMMES D'ÉTAT ET MINISTRES (1685 à 1840)
Album de 31 planches. Au lieu de 45 fr. . . . . net. **11 fr.**

P. de Becdelièvre. Legoux. Quinault Bussy-Rabutin. Seignelay. Phelippeaux. Louvois. Colbert. E. Villa-Cerf. Lamoignon. La Chaise. Berbezieux. Sainctot. D'Aguesseau. Chamillart. Breteuil. D'Angervillier. J. Bouhier. Fleuriot. De Marville. Montesquieu. D'Argenson. Ory. Marigny. Le Normand. de Journehem. Choiseul-Stainville. Choiseul-Praslin. Maupeou. De Bernis. Machault d'Arnouville. Sartine. Portalis. Montalivet. Regnier. Cambacérès. Lebrun. Tronchet. Casimir Perier. Cadore. Marbois. Gerard. Talleyrand. R. Fox. Lord Grenville.

AMIRAUX (1270 à 1840)
Album de 33 planches. Au lieu de 44 fr. . . . . net. **12 fr.**

De Varennes. De Coucy. M. de Montmorency. J. d'Harcourt. De Tocy. Zacharie. Grimaldy. Chepoy. Béranger-Blanc. Tristan. P. Miège. Hugues Quieret. Doria. Beuchet. L. de la Cerda. P. Flotte. J. de Nanteuil. De Mentenay. La Heuse. Perilleux. Narbonne. Vienne. Trie. P. de Brelan. Dampierre. Braquemont. Poix. Recourt. Beauvoir. Culant. Bourbon. Graville. Amboise. Annebaut. Commines. Bonnivet. Chabot. Cortès. Pizarre. Villars. Nangis. Joyeuse. Biron. Montmorency. Lavalette. Epernon. Mayenne. Coligny. Duquesne. Tourville. Damville. Vendôme. Beaufort. Ruyter. Valbelle. Laroche. Tromp. Conti. Suffren. Louis-Philippe d'Orléans. Duchaffault. Nelson. Villaret-Joyeuse. Latouche-Tréville. Murat, duc d'Angoulème. Monge. Jervis. Duperré. Truguet. Roussin.

Le même Album (1295 à 1815), 24 planches. Au lieu de 32 fr., net . . . . **9 fr.**

Albums du Musée de Versailles.

GÉNÉRAUX ET HOMMES DE GUERRE (1097 à 1596)

Album de 28 planches. Au lieu de 42 fr. . . . . net. **10** fr.

A. Fercent. Josselin de Courtenay R. Guiscard. Conrad. Levis. S. de Montfort. A. de France. Foulque de Villaret. L. de Bourbon. F. de Bourbon Comte de Dunois. Tanneguy du Chastel. G. de Foix. Duguesclin. Bayard. François Ier. Villiers de l'Isle-Adam. Ch. de Bourbon. Duc de Guise. Parisot de la Valette. Froelich. F. de Coligny. L. de Bourbon-Condé. H. de Guise. D'Estrées. Lanoue. H. de Rohan. Thyard. Crillon. Duc de Guise. Harambure. Gondi.

GÉNÉRAUX ET HOMMES DE GUERRE (1613 à 1800)

Album de 26 planches. Au lieu de 39 fr. . . . . net. **10** fr.

Cinq-Mars. M Ruzé. Th. de Savoie. H. d'Harcourt. J. de Souvré. Duc de Rohan - Chabot. Duc d'Epernon. De Candale. Bourgoing. Becdelièvre. Ph. de France. Duquesne. Jean Bart. Duguay-Trouin. J.-J. Keller. J.-B. Keller. Condé. Prince de Conty. Philippe d'Orléans. Chevert. De Pardaillan. Marquis de Dangeau. Ch. de Belzunce Fr. de Chevert. Ney. Macdonald. Moncey. Soult. De Ryel. De Beurnonville. Montesquieu. La Fayette. Rochambeau. Dugommier. De Fontenille. Custine. Biron Houchard. Dampierre. Comte d'Eu. Marceau. Aubert du Bayet. Hoche. Kléber. Brunswick. Cafarelli. Dupuy. P. Bon. Marbot. Joubert. Dumouriez. Napoléon Bonaparte.

GÉNÉRAUX ET HOMMES DE GUERRE (1804 à 1841)

Album de 26 planches. Au lieu de 39 fr. . . . . net. **10** fr.

Kléber. Pichegru. Championnet. Beauharnais. Desaix. Hatry. Bonaparte. Scherer, Gronier. Leclerc. Lassalle. Junot. Thareau. Lariboisière. Eblé. Gudin. Moreau. Lecourbe Reynier. Rapp. Dumouriez Duc d'Angoulême. De Jean. Lepic. Foy. Gerard. Vandamme. Hédouville. Duc de Bourbon. La Fayette. Dumas.

MARÉCHAUX (1191 à 1592)

Album de 37 planches. Au lieu de 52 fr. . . . . net. **12** fr.

Ch. de Montmorency. D'Argentan. P. de Rieux dit de Rochefort. Beauvoir. Boucicaut. Xaintrailles. Raiz. Lohéac. P. de Rohan. Desquerdes. d'Aubigny. Gamache. Léautrec. Lescun. Lamarck. Montmorency. Brissac. De Termes. Wieilleville. Chabannes. Annebaut. René de Montejean. J. Caraccioli. P. de Strozze. J. d'Albon. Bourdillon. Bellegarde. Levardin. Balagny. Crequy. Biron. Retz. Cossé. Montluc. Tavannes. Fr. Biron. Turenne, duc de Bouillon.

MARÉCHAUX (1594 à 1675)

Album de 40 planches. Au lieu de 60 fr . . . . net. **12** fr.

Comte de Rantzau. D'Ornano. Fervaques. Matignon. Jean d'Aumont. Duc de la Meilleraye. J.-B. Budes. D'Ancre. G. de Souvre. De Foiras. Duc de La Force. Sully. Schomberg. Du Plessis-Praslin. Duc de Chaulnes. Duc de Vitry. Choiseul-Praslin. D'Esparbès. De La Guiche. G. de Coligny. Montmorency. Bassompierre. Créquy. D'Estrées. De Roquelaure. Themines. Turenne. La Mothe. Houdancourt. L'Hôpital. Jean de Gassion. Comte de Miossens. D'Estampes. D'Hocquincourt. Marquis de Créqui. De Castenau. De Brézé. De Gramont. De Villeroi. D'Effiat. De Marillac. Schulemberg. D'Estrades. Clerembault. Ch. de Cossé. Tourville. Châteauregnauld.

MARÉCHAUX (1658 à 1729)

Album de 39 planches. Au lieu de 58 fr. . . . . net. **12** fr.

Duras. Duc de Vendôme. Tourville. Duc de Boufflers. Catinat. Duc de Navailles. Schomberg. Humières. La Feuillade. Fabret. D'Albret. L. de Bourbon. Duc d'Aumont. Créqui. Duc de Luxembourg. Villeroi. Vauban. Fallard. Bezons. Montrevel. D'Harcourt. D'Estrée. Matignon. Duc de Berwick. D'Artagnan. De Broglie. Chemilly. Villars. D'Aubusson. De Gramont.

MARÉCHAUX (1730 à 1791)

Album de 38 planches. Au lieu de 57 fr. . . . . net. **12** fr.

Coëtlogon. De Coigny. De Maillebois. De Noailles. D'Asfeldt. De Puységur. De Medary. De Brancas. De Balincourt. Montmorency-Laval. De Saxe. De Belle-Isle. Lowendal. Duc de Richelieu. La Fare. De Clermont-Tonnerre. Suffren. Rohan-Soubise. Latour-Maubourg. De Mirepoix. De Contades. De Gontaud-Biron De Bercheny. Dufort de Lorges. Cossé-Brissac. Armentières. De Castries. Du Muy. De Mouchy. Duc de Noailles. D'Harcourt. Nicolaï. Duc de Fitz-James. De Vaux. De Ségur. Luckner. Choiseul-Stainville.

Albums du Musée de Versailles

MARÉCHAUX (1783 à 1804)

Album de 32 planches. Au lieu de 48 fr................ net.   **12 fr.**

De Vaux. D'Estaing. De Levis. Rochambeau. Berthier. De Croy. D'Aubeterre. Choiseul-Stainville. Luckner. De Bauveau-Craon. De Mailly. Hoche. Augereau. Bernadotte. Brune. De Bellune. Serurier. Bessières. Davoust. Jourdan. Masséna. Kellermann. Lefebvre. Lannes. Murat. Moncey. Ney. Mortier. Pérignon. Soult.

MARÉCHAUX (1804 à 1843)

Album de 33 planches. Au lieu de 47 fr.............. net.   **12 fr.**

Grouchy. Bessières. Macdonald. Marmont. Hohenlohe. Oudinot. Poniatowski. Gouvion-St-Cyr. Suchet. Clarke. Duroc. Bournonville. De Coigny. Viomenil. Lauriston. Maison. Molitor. Mouton. Gérard. Clausel. Lobau. Valée. Damrémont. Sébastiani. Drouet. Amiraux Fruget et Duperré.

PEINTRES, SCULPTEURS ET ARTISTES CÉLÈBRES (1520 à 1627)

Album de 19 planches. Au lieu de 28 fr.............. net.   **7 fr.**

Raphaël. A. del Sarto. J. Romain. J. Goujon. Pierre Lescot. E. Lesueur. Claude Gellée. A. de Florence. Perrault. P. Puget. Winckelman. Mignard. Rubens. Van Dyck. Vouet. Lemercier. L. Testelin. Albane. Guillain. Nocret. Poussin. S. Bourbon. J. Sarrazin. L. Lerambert. G. Marsy. Ph. de Champaigne. Murillo. J.-B. de Champagne. Desjardins. Van der Meulen. Lebrun. H. de Mauperché. St.-Bernard.

PEINTRES, SCULPTEURS ET ARTISTES CÉLÈBRES (1700 à 1840)

Album de 22 planches. Au lieu de 33 fr.............. net.   **8 fr.**

Lenôtre. Ch. Perrault. Mme Vigée - Lebrun. Ch. Lebrun. Mansart. Coysevox. Van Loo. M. Corneille. Jouvenet. Leclerc. Van der Werf. Girardon. Lafosse Coypel. Cotte. Bouys. J. Gabriel. Maupertuis. Rigaud. Venghels. Robert le Lorrain. Cl. Hallé. Largillière. Carlo Maretta. Tardieu. De Troy. Tournières. Bouchardon. J. Lajoue. Boucher. Grétry. Van Loo. J. Vernet. Perronet. David. Girodet-Guérin. Gerard. Fontaine. Percier.

HOMMES ILLUSTRES (1191 à 1586)

Album de 25 planches. Au lieu de 37 fr.............. **net.**   **8 fr.**

Duchesse de Parme. Cardinal de Granvelle. Duc de Guise. Strozzi. Comte de Larochefoucauld. Clermont d'Amboise. De Montgommery. Michel de L'Hopital. La Tour-d'Auvergne. J. de Bourbon. P. de St-Mégrin. La Trémoille. F de Bourbon. Cardinal de Retz. Carnavalet. Guillaume de Montmorency. P. d'Aubusson. Comte de Ligny. Juvénal. J. de Montfort. Humbert. Clément. Ph. d'Orléans.

HOMMES ILLUSTRES (1321 à 1642)

Album de 35 planches. Au lieu de 33 fr.............. net.   **8 fr.**

Pétrarque. Dante. Platina. Rabelais. Gaza. Alberti. Agricola. Pic de la Mirandole. Pontanus. Savonarole. Ch. Colomb. Sabellicus. Pomponius. Vespuce. G. d'Amboise. Kratzer. Arioste. Budé. Alciat. J. Sadolet. J. Paul. P. Ramus. Calvin. Magellan. H. de Médicis. N. Poussin. Corneille. Jabot. Casaubon. Lipse. Molière. Racine. Regnard, Rotrou. B. de Méziriac. Balzac. Galilée.

HOMMES ILLUSTRES (1589 à 1830)

Album de 20 planches. Au lieu de 30 fr.............. net.   **7 fr.**

Lahire. St-Gelais. C. Gouffier. La Vieuville G. de Laval Montmorency. J. A. de Thou. L. de Bourbon. Sully. Henri IV N de Vitry. De Termes. J du Hamel. Duc de Saxe-Weimar. Ed. de Bavière. H. de Lorraine F. de Gondi. François de La Rochefoucauld. Riquet. Duc de Montausier. La Vauguyon. La Bourdonnais.

HOMMES ILLUSTRES (1650 à 1701)

Album de 26 planches. Au lieu de 39 fr.............. net.   **10 fr.**

Descartes. La Fontaine. Conrart. La Mothe le Vayer. Vaugelas. Voiture. Malebranche. Fontenelle. Mansart. Perrault. Molière. Chapelain. Pellisson. Voltaire. Patru. La Bruyère. P. et Th. Corneille. Boileau. Racine. Lully. St-Aignan. Segrais-Santeuil. Nicole. Quinault. Bossuet. D Herbelot. Fagon. G. Abeille. Brulart de Sillery. La Chapelle. Campistron. Malézieu.

HOMMES ILLUSTRES (1732 à 1841)

Album de 23 planches. Au lieu de 35 fr.............. net.   **7 fr.**

Duc de Coislin. La Monnoye. J.-B. Rousseau. Polignac. Mongault Fontenelle. Helvétius. Diderot. D'Alembert. Destouches. Mme de Graffigny. Crébillon. Buffon. Piron. Duclos. Marivaux.

Albums du Musée de Versailles.

Jeanne Poisson. Gresset. Villaret. Terray. Laharpe. Thomas. Belloy. Soufflot. Mirabeau.
Mme Roland. Fabre d'Eglantine. Cagliostro. Klopstock. Lalande. Fourcroy. Fontane. Laplace.
Barère. C. Desmoulins.

FEMMES ILLUSTRES (1369 à 1681)
Album de 27 planches. Au lieu de 40 fr. . . . . net. **9 fr.**

Comtesse de Tyrol. Isabelle de Melun. Marg. de Flandre. Renée d'Orléans. Marie de Bourbon.
Jeanne d'Arc. Marie de Montauban. Jeanne de Navarre. Diane de Poitiere. Hallewin. Anne
Stuart. Suzanne d'Escars. Anne de France. Agnès Sorel. Maonsia. A. de Pisseleu. Beatrix
Pacheco. G. d'Estrées. Marie Touchet. Duchesse d'Angoulême. Comtesse de Chatigny. Renée de
Lorraine. Comtesse de Moret. B. d'Entragues. Mlle de Longueville. Amélie de Nassau. Duchesse
de Lancastre. Charlotte de Lorraine. Marie de Créqui. Henriette de Guise. Duchesse de Montbazon.
Anne de Rohan. Duchesse de Vendôme. Princesse de Conti. Duchesse de Randon. Henriette
d'Harcourt. Gonzagues Clèves. Françoise Mignot. Duchesse d'Aumont. Ch. de Gramont. Duchesse
de Fontanges. Anne d'Angleterre. Marie d'Orléans.

FEMMES ILLUSTRES (1684 à 1830)
Album de 24 planches. Au lieu de 30 fr. . . . . net. **8 fr.**

Louise de St-Simon. Marg. de Béthune. Duchesse de Guise. Christine de France. Duchesse
de Navailles. Duchesse de Villeroi. Fr. de Chaulnes. Mme de Montespan. Anne de Rohan-Chabot.
Catherine d'Armagnac. Duchesse de Noailles. Mme de Lavallière. Mme de Fontanges.
Marie Rospigliosi. Sophie Cheron. Mme de La Fayette. Mme de Maintenon. Marie Perdrigon.
Louise de Bourbon. Comtesse de Grignan. Mme de Sévigné. Mme Geoffrin. Henriette de France.
Marie de France. Marie Thérèse et Louise de Savoie. Mme de Genlis. Mme de Coulanges.
Françoise Longwy. Marie de Bourbon. Duchesse de Vendôme.

ROIS, REINES ET PRINCES ÉTRANGERS (1058 à 1603)
Album de 26 planches. Au lieu de 39 fr. . . . . net. **9 fr.**

Bohemond Ier. Baudouin II. J. de Brienne. Duc d'Anjou. Duc de Berry. René d'Anjou.
Jeanne II. Cosme de Médicis. L. de Médicis. A. de Médicis. C. Bargia. Charles-Quint.
Maximilien Ier. Henri VIII. Th. Morus. Duc de Bavière. Muley-Haçan. J. Frédéric. Luther. Anne
de Clèves. Christian II. Gustave Ier. Spinola. G. Godart. Don Carlos. Philippe II. Maximilien II.
Marie d'Autriche. Le chinois Kan-Gao. Mohammed-Ali-Pacha. Le Maaradja de Lahor. Abdul-
Medjid. Elisabeth de France. Philippe-le-Bel.

ROIS, REINES ET HOMMES CÉLÈBRES ÉTRANGERS (1582 à 1736)
Album de 28 planches. Au lieu de 42 fr. . . . . net. **9 fr.**

Duc d'Albe. Guillaume Ier. Alex. Farnèse. Rodolphe II. Elisabeth d'Angleterre. Eléonore de
Bourbon. Guillaume de Nassau. G. Barnevelt, Albert VII. Isabelle d'Autriche. Jacques Ier.
Guillaume II. Buckingham. Olivarez. F. de Moncade. Ferdinand d'Autriche. Charles Ier. Philippe IV.
Brouchouen. D. F. de Velasco. Charles-Louis Ier. Honorine Boussu. Rupert de Bavière. Ph. de
Bavière. Ch. de France. Léopold Guillaume. D. Juan d'Autriche. Christine de Suède. Jacques II.
Frédéric III. Montecuculli. Eugène de Savoie. Marlborough. Charles XII. Sophie Alexionna.
Alexis Pétrowich. Marie d'Orléans. Charles II. Sobieski. Pierre le Grand. Charles II.

ROIS, REINES ET HOMMES ILLUSTRES ÉTRANGERS (1725 à 1840)
Album de 27 planches. Au lieu de 42 fr. . . . . net. **9 fr.**

Louville. Frédéric II. Charles VII. Christine de Brunswick. Charles de Lorraine. Marie
d'Autriche. Marie-Louise d'Espagne. Joseph II. Philippe V. Catherine Brun. Stanislas Ier.
Alberoni. Pierre III. Elisabeth Pétrowna. Frédéric Auguste II. François Ier. Marie-Thérèse
d'Autriche. Jérôme Bonaparte. Léopold Ier. François d'Este. Charles Emmanuel III. Maximilien-
Joseph. Chrétien II. Gustave III. Joseph Ier. Catherine II. Léopold II. Paul Ier. Christian VII.
Georges III. Alexandre Ier. Mahmoud-Khan II. Frédéric-Guillaume III.

REINES, PRINCESSES ET FEMMES NOBLES ÉTRANGÈRES (1382 à 1840)
Album de 32 planches. Au lieu de 48 fr. . . . . net. **11 fr.**

Reine de Naples. Marie de Bourgogne. Jeanne d'Autriche. Isabelle d'Aragon. Isabelle de
Portugal. Madeleine de France, Eléonore de Roye. Marie d'Autriche. Antoinette de Bourbon.
Marie d'Angleterre. Eléonore et Jeanne d'Autriche, Marie Stuart. Duchesse de Nevers. Marguerite
de Vangest. Sibylle de Clèves. Jean Frédéric II. Duchesse de Wurtemberg. Isabelle d'Autriche.
Henriette de France. Elisabeth de France. Marguerite d'Autriche. Charlotte de Hesse-Cassel.
Louise-Marie Stuart. Marie-Louise d'Orléans. Marie-Louise de Savoie. Marie de Neubourg.
Ulrique Eléonor. Marie-Louise d'Espagne. Marie-Joseph d'Autriche. Marie des Deux-Siciles.
Elisabeth Farnèse. Duchesse d'Orléans. Marie d'Orléans, reine des Belges. La reine Victoria.
Sophie de France. Sophie de Mecklembourg. Strelitz. Elisabeth d'Angleterre.

Albums du Musée de Versailles.

INTÉRIEURS DU CHATEAU DE VERSAILLES
Album de 30 planches. Au lieu de 45 fr. . . . . net.   **7** fr.

Vue générale. Vestibule. Vue de la chapelle. Galerie de sculpture. Salle des croisades, de Constantine. Escalier des ambassadeurs. Théâtre. Salon d'Hercule. Chambre à coucher de Louis XV. La Bibliothèque. Salle du méridien. Cabinet de Louis XVI. Œil-de-bœuf. Galerie de Louis XIV. Salle des gardes. Salle de Marengo. Salle du sacre. Salle de 1792. Galerie des batailles. Salle de 1830. Galerie des statues. Escalier de la Reine. Galerie de l'Empire. Escalier de marbre. Galerie de Louis XIII.

PLAFONDS ET DESSUS DE PORTE DU CHATEAU
Album de 13 planches. Au lieu de 20 fr. . . . . net.   **6** fr.

Plafonds de la chapelle, du salon de la reine, du salon d'Apollon, de la salle des Etats généraux, de la chambre à coucher de la Reine, du salon de la Guerre, du salon de l'Abondance, du salon d'Hercule, de la salle de 1830, de la chambre à coucher de Louis XIV. Dessus de porte de la salle à manger, de la chambre de la Reine.

CHATEAUX ET RÉSIDENCES PRINCIÈRES
Album de 21 planches, d'après les tableaux du château. Au lieu de 32 fr. . . . . net.   **8** fr.

Paris vers 1800. Saint-Germain vers 1669. Machine de Marly. Château de Saint-Hubert. Palais de Compiègne et de Saint-Cloud. Châteaux d'Eu, de Randan, de Pau, de Madrid. Château de Marly. Châteaux de Meudon, de Chambord, de Fontainebleau, de Saint-Cloud vers 1715. Le grand Trianon. Vincennes vers 1665. Paris vers 1635, 1780 et 1788. Vue du Pont-Neuf. 1664, la Tour de Nesle. 1772. colonnade du Louvre.

SOUVENIRS D'UNE PROMENADE A VERSAILLES
Album in-folio broché de 31 planches, reproduction des principales pièces du château.
Au lieu de 30 fr. . . . . net.   **6** fr.

Vue générale du palais. Escalier des ambassadeurs. La bibliothèque. Cabinet de Louis XVI. Salle du méridien. Chambre à coucher de Louis XIV et Louis XV. Salle du conseil. Œil-de-bœuf. Galérie de Louis XIV. Salle des gardes. Salle du sacre. Salle de 1792. Galerie des batailles. Salle de 1830. Galerie des statues. Galerie de l'Empire. Salle de Marengo. Escalier de la Reine. Escalier de marbre. Galerie de Louis XIII. La Chapelle. Vue de la Chapelle. Théâtre. Salles des croisades et de Constantine. Galerie de sculpture. Vestibule de la Chapelle. Salon d'Hercule.

TRÈS BEAUX ALBUMS
DES PLUS BEAUX SITES, MONUMENTS ET VUES DES PRINCIPAUX PAYS DU MONDE

Autriche.
Album de 11 planches, superbes gravures, format 29×40, comprenant les monuments, les types et sites de ce pays:
Vienne, Lintz, Prague, Inspruck, Hongrois et Croates, Cathédrale de Prague, Brunn, Eglise Saint-Charles à Vienne, Pesth et Bude, Oberwesel.
Au lieu de 11 fr. 75, net . . . . . . 4 fr. 25

Allemagne.
Album de 27 planches en noir et en couleurs. 38×28 ; vues de villes, monuments, etc., comprenant :
Lubeck, Environs de Munich, Brunn, sortie de l'église des Capucins, Berlin, Dresde, Munich, le Panthéon ; Ulm, Hôtel de Ville ; Guinguette allemande, Eglise Saint-Laurent à Nuremberg, Leipzig, Hôtel de Ville de Breslau, Francfort, Hambourg, Brunswick, Eglise Saint-Martin ; Carlsruhe, Presbourg, etc.
Au lieu de 33 fr. 50, net. . . . . . 8 fr. ➤

Allemagne et Rhin.
Album de 23 magnifiques planches tirées en noir, épreuves sur chine, montées sur bristol, 39×27, comprenant :
Wiesbade, Drachenfeds, Marché à Boppart,

Spire, Braubach, Bade, Heidelberg, Bacharach, Auberge allemande, Chute du Rhin, Cologne, la Roche de Lurlei, Rheinstein, Mayence, Augsbourg, etc.
Au lieu de 28 fr. 75, net . . . . . : . 7 fr. ➤

Amérique.
Album de 27 planches en noir, 40×28, représentant des villes, monuments, paysages, scènes de la vie américaine, etc.; comprenant :
Place du Marché à l'Assomption, Galena (Illinois), Cathédrale de San-Salvador, Buenos-Ayres, La Havane, La Maison-Blanche, La Nouvelle-Orléans, Rio-de-Janeiro (palais impérial et cathédrale), Portrait de Maximilien, empereur du Mexique ; Valparaiso ; Portrait de Dom Pédro II, empereur du Brésil ; Lima, Chasse au lasso, Santo-Domingo à Buenos-Ayres, les Cataractes du Niagara, Montevideo, Cincinnati, Véra-Cruz, etc.
Au lieu de 33 fr. 50 net . . . . . . 8 fr. ➤

Belgique.
Album de 8 planches, 29×40, reproduisant les plus beaux monuments de ce pays :
Anvers, Place Verte, Bruxelles, Liège, Anvers, Tête de Flandre. Sainte-Anne à Bruges, Malines, Ypres, Hôtel de Ville de Louvain.
Au lieu de 10 fr., net . . . . 3 fr. ➤

Albums des principaux Pays.

Espagne.

Album de 11 planches, belles épreuves coloriées, splendides sujets, types, costumes, format 29×40, comprenant les sujets suivants :

Les Gitanos, faubourg de Triana à Séville; Burgos, Salamanque, Santander, Barcelone, Méquinenza, Saragosse, Aguadors et Bohémiens, Grenade, le marché à Valence, Benicarlo, Carthagène, Orihucla, les Toréadors; Montes, premier matador d'Espagne, costumes de Majorque; une fête de paroisse à Alicante; le dimanche matin à Grenade; Diligence espagnole au col de Bellaguer.

Au lieu de 11 fr. 65, net. . . . . . 4 fr. »

Espagne et Portugal.

Album de 28 planches en noir, 40×28, villes, monuments, sites pittoresques, etc., comprenant :

Tour de Santa-Catalina, à Valence ; Place du Marché, à Valence ; Eglise de San-Jago, à Xérès ; Algésiras et Gibraltar, Cuença, Cordoue, Grande Mosquée, Burgos, Alhambra, Cour des Lions; Barcelone, La Rambla, Lisbonne, Escurial, La Puerta del Sol, à Madrid; Ségovie, Grande Place, à Grenade; Saragosse, Tour penchée, Tolède, Lorça, Eglise San-Juan, etc.

Au lieu de 35 fr , net. . . . . . . 8 fr. 50

Hollande.

Album de 12 planches, format 26×40, comprenant les plus beaux monuments et sites du pays.

La Haye, Palais-Royal, Stolzenfels, Braubach, Kermesse à Amsterdam, Drachenfels, Breda, Rotterdam, Leyde, Elfeld, etc.

Au lieu de 15 fr., net . . . . 4 fr. »

Italie.

Album de 39 planches en noir, 40×28, représentant les plus jolis sites, monuments, villes, etc., de l'Italie et de la Sicile, comprenant :

Mont-Cassin, Bologne. Tours penchées; Turin, châteaux Saint-Ange, Pouzzola, cathédrale de Monza; Venise, le grand canal; Venise rue des Jardins; Livourne ; le Vésuve, vue du château de Saint-Elme; Florence; Naples, le Forum; Saint-Pierre de Rome-Spire, Tivoli, Messine; Pise, place du dôme Ischia; Forum de Trajan, le Vésuve et Portici, etc.

Au lieu de 48 fr. 75, net. . . . . 9 fr. 50

Pays-Bas.

Album de 14 planches en noir, types, costumes, etc , 46×32, comprenant :

Seigneurs des présentant une requête à Marguerite; Abdication de Charles-Quint; Guillaume, prince d'Orange; Don Juan d'Autriche; Alexandre Farnèse, duc de Parme; Ferdinand de Tolède, duc de d'Albe ; Statue du duc d'Albe; à Anvers; Entrée de Don Juan à Bruxelles; Dudley comte de Leicester; Siège et défense de Leyde; Assassinat de Guillaume; Adieux du comte d'Egmont et de Guillaume; Philippe, roi d'Espagne; Maurice, prince d'Orange.

Au lieu de 17 fr. 50, net . . . . . 5 fr. »

Russie.

Album de 21 planches en noir, format 32×45, paysages, vues, monuments, scènes de la vie russe, comprenant :

Irkoutsk, Moscou, Saint-Basile, Astrakhan, Crimée, Citadelle et Monastère de Kief, Tiflis. Statue de Pierre le Grand, Campement de Bachkirs; Vosok, marchands de poissons; le thé sur l'herbe; Couvent de la Trinité; Saint-Pétersbourg, Kasan, Finlande, Cascade d'Imatra.

Au lieu de 26 fr. 25, net. . . . . . 7 fr. »

Marine.

Album de 20 planches en noir, 45×32, comprenant :

L'enfance du marin, le Retour du pêcheur, Pilotes de la mer du Nord, Portrait de Tourville, Portrait de Jean Bart, Portrait de Duquesne, Effet de la houle, Supplice de la cale, Falaises, le golfe de Naples, etc.

Au lieu de 25 fr., net. . . . . . . 6 fr. 50

Paris.

Album de 18 planches, superbes épreuves, format 27×38, comprenant :

Une fête à l'Hôtel de Ville. Un salon du grand monde, Revue au Champ de Mars, Cortège impérial, Rue de Rivoli, Palais de l'Industrie, Hôtel de Ville, Saint-Vincent-de-Paul, Palais de Justice, Place de la Concorde, Arc de Triomphe, Place Vendôme, Saint-Etienne-du-Mont, Place du Carrousel, les Tuileries, Notre-Dame, Palais du Luxembourg, Panthéon.

Au lieu de 22 fr. 50, net. . . . . . 6 fr. »

Paris.

Album de 19 planches, chine, montées sur bristol, 45×32, représentant les principaux monuments, les plus belles rues, places ou choses remarquables de la grande ville, comprenant :

Paris, vue générale; Saint-Etienne-du-Mont, Palais de l'Industrie, Hôtel de Ville, Saint-Vincent-de-Paul, Notre-Dame, Palais du Luxembourg, Rue de Rivoli, les Tuileries, Hôtel de Ville, par Rouargue; le Cortège impérial, Une Revue au Champ de Mars, un Salon du grand monde, une Fête à l'Hôtel de Ville, etc., par Lami.

Au lieu de 23 fr. 75, net. . . . . . 9 fr. »

Paris.

Album de 15 planches, chine, montées sur bristol, 45×32, représentant les principaux monuments, les plus belles rues, places ou choses remarquables de la grande ville, comprenant:

Paris, vue générale ; Saint-Etienne-du-Mont, Palais de l'Industrie, Panthéon, Place du Carrousel, Place Vendôme, Place de la Concorde, Palais de Justice et Sainte-Chapelle, Arc de Triomphe, Saint-Vincent-de-Paul, Notre-Dame, Palais du Luxembourg, Rue de Rivoli, Les Tuileries, Hôtel de Ville, par Rouargue.

Au lieu de 18 fr. 75, net. . . . . . 6 fr. 50

Gavarni (Symphonie).

Collection de 15 planches, très belles épreuves chine, montées sur bristol, format 45×32, comprenant :

La musique : Du Berger, A la chasse, Des oiseaux, Orientale, Des Montagnards, Rêveuses. Des Saltimbanques, A la guerre. Dans la rue, Classique, A la noce, Villageoise, Symphonie Des sauvages, Des Bohémiens.

Au lieu de 30 fr., net. . . . . . . 6 fr. »

IMPRIMERIE E. FLAMMARION, 26, RUE RACINE, PARIS.